ZHONGHUA WENMING GUSH

中华文明故事

清光映中华

陈建中 ◎ 主编 赵显明 ◎ 编著

希望出版社

图书在版编目（CIP）数据

中华文明故事．清光映中华 / 赵显明编著；陈建中主编．
-- 太原 ： 希望出版社，2019.6 (2021.6重印)
ISBN 978-7-5379-8078-4

Ⅰ．①中… Ⅱ．①赵… ②陈… Ⅲ．①文化史－中国
－清代－青少年读物 Ⅳ．① K203-49

中国版本图书馆 CIP 数据核字 (2019) 第 011189 号

图片代理：全景视觉

中华文明故事 / 清光映中华

陈建中　主编　　赵显明　编著

出 版 人：孟绍勇
策划组稿：杨建云　　赵国珍
项目统筹：翟丽莎
责任编辑：翟丽莎
复　　审：柴晓敏
终　　审：侯天祥
装帧设计：陈东升　　罗紫涵
美术编辑：王　蕾

出版发行：希望出版社
地　　址：山西省太原市建设南路 21 号
开　　本：720mm×1000mm　1/16
版　　次：2019 年 6 月第 1 版
印　　张：8.5
印　　次：2021年6月第2次印刷
印　　数：5001-10000册
印　　刷：三河市同力彩印有限公司
书　　号：ISBN 978-7-5379-8078-4
定　　价：30.00 元

清光映中华

目录

清朝近300年间，前期是统治者逐渐吸收中原的先进文化，清朝贵族和满族平民不自觉地全面汉化；后期则是统治者在列强侵略下痛苦地挣扎，割让领土，出卖国家的主权和利益。

在清朝统治期间，由于程朱理学的普遍影响和八股取士选取人才的机制，科学技术的进步基本上停止了。古代的科学技术典籍没有几个人看得懂，而闭关锁国政策的实行，视西方的科学技术为奇技淫巧而予以排斥，社会文明的脚步前进得很慢。

在思想文化领域出现过三位伟大的启蒙思想家——黄宗羲、顾炎武、王夫之，出现过两部不朽的文学名著——曹雪芹的《红楼梦》和蒲松龄的《聊斋志异》，也出现过承前启后的艺术大师"清初四僧"和"扬州八怪"。

清朝近300年间，园林艺术、制瓷艺术、中华武术和中国民居都有一定的发展。

由于受到帝国主义列强的不断入侵，直到清朝即将灭亡之际，统治者才逐步意识到科学技术的重要性。晚清时期的"四大中兴名臣"虽然没能挽救清朝灭亡的命运，但是，他们毕竟引入了西方的先进技术和民主思想。

洋务运动开
古典园林映
多彩民居显
清朝瓷器精
干古黄书留墨
辉毫泼墨文人
中华武林传绝
启蒙思想开先
碧血丹心照汗青
中原服饰变旗装

中原 服饰变旗装

　　明朝灭亡之后，清朝统治者入主中原，统治了当时的中国。

　　当时清政府下达了剃发令："留头不留发，留发不留头。"康熙年间的大臣们如果敢留那么油光水滑的大辫子，立即就会引来杀身之祸。

　　清朝统治全国初年，男人们不仅要留"金钱鼠尾"式的发型，还必须穿戴满族人的服装——旗装。于是，古代中原地区的传统服饰在这时发生了巨大的变化。

　　为什么清政府要颁布这样的"剃发令"呢？为什么要禁止汉族人穿传统的民族服装呢？这还得从清朝的建立说起。

八旗入关建清朝

清朝是满族建立的。满族是宋金时期女真族的后裔。1115年，女真首领完颜阿骨打建立金国，北宋王朝就是被金国灭亡的。因此，满族建立的政权也自称金国——历史上称后金。

1234年，在蒙古和南宋的夹攻之下，女真族建立的金国灭亡了。但是大部分女真族人仍然生活在他们的故乡，即女真族的发祥地——中国的东北地区。

明朝中叶，女真族按地域分成了建州女真、长白女真、东海女真、呼伦女真四大部，都归明朝管辖。

1440年，建州女真南迁，定居在了赫图阿拉（今辽宁抚顺）。这里距中原很近。通过与明朝的密切交往，建州女真的生产力有了很大提高，经济和军事实力很快超过了其他女真族部落。

清朝的发祥地——抚顺

中华文明故事

《 八旗军起兵辽东 》

1583年，爱新觉罗·努尔哈赤子承父业，担任了明朝建州左卫指挥使。勇武的努尔哈赤凭借祖上留下来的13副铠甲，率领本部人马东征西讨，统一了女真各部，建立了八旗制度。八旗由正黄、正红、正蓝、正白、镶黄、镶红、镶蓝、镶白组成，丁壮战时为兵，平时为民。

八旗既是生产组织，也是军事组织。八旗制度其实就是"全民皆兵"。八旗制度的建立，有力地促进了女真社会的发展，巩固了努尔哈赤的统治地位。

1616年，努尔哈赤在赫图阿拉自立为"大汗"，为了表示对祖先功业的继承，国号仍然称"金"，历史上叫后金。1618年，努尔哈赤率八旗军誓师后发布"讨明檄文"，率兵征讨明朝，明朝举国震惊。

《 八旗军占领中原 》

1619年，明朝调集了10万大军分四路进攻赫图阿拉。两军在萨尔浒展开激战，努尔哈赤集中优势兵力，以八旗军6万多骑兵先打垮了明军主力，接着又重创了其他三路明军，取得了决定性的胜利。

1621年，努尔哈赤率军南下，很快占领了东北大部分地区。1625年春，努尔哈赤不顾八旗首领的反对，把后金的国都迁到了奉天（今辽宁沈阳）。从那以后，奉天就成了后金的政治中心。

1635年，努尔哈赤的儿子皇太极废除"女真"旧族名，改族名为"满洲"。第二年，皇太极收服了蒙古各部落，正式称帝，并改国号为"清"。1644年入关，定都北京。

中国历史上王朝更替时，只要战乱平息，对普通老百姓的影响也就微乎其微了。但是，清朝取代明朝却是个例外。战火虽然熄灭了，随之而来的"剃发易服"令，却给普通百姓带来了很大的影响。

沈阳故宫凤凰楼

金钱鼠尾剃发令

《孝经》上说："身体发肤，受之父母，不敢毁伤，孝之始也。"因此，在中国古代，无论男女都留长发——把头发束起来，精心保护。清朝统治者入关后，强迫汉族人剃发易服，引发了一系列流血事件。

按照自己的民族习惯，清朝以前的汉族人，无论男女，都要把头发束起来，精心保护。但是，占领中原之后，清政府却下了一道"剃发易服"的诏令。

所谓剃发易服，就是强迫汉族人把流传了几千年之久的"顶冠束发"的头饰，变成细细的小辫子；把商周以来风流潇洒的"褒衣博带"，变成满族人穿的服饰。

《 颁布剃发令 》

满族人的发型并不是清朝建立后才出现的。早在公元12世纪金兀术

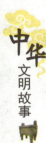
中华
文明故事

入中原的时候，他们的祖先——女真人留的就是这样的发型。当时也下过同样的命令。因为汉人反抗太强烈，没能执行下去。

八旗军刚入关的时候，曾经颁布过一次剃发令，因为汉人的普遍不满和反抗，后来只好废除了。

"金钱鼠尾"发式

1645年，八旗军进军江南，占领了大半个中国。为了彻底打击和摧垮汉人，尤其是上层士人保持的民族精神，清政府再一次颁布了剃发令。

第二次剃发令非常严格：清军所到之处，无论官民，凡男子限十日之内全部剃头、削发，并在脑袋后面编成小辫子，凡不听命令者一律处斩。清军得到的命令是："留头不留发，留发不留头。"

关于第二次剃发令的颁布，还有个令人啼笑皆非的小故事呢！

汉奸酿祸水

据说，清军刚刚入关就发布了剃发令。由于吴三桂等明朝降官的劝说，再加上北京及周围民众全都反对，清政府只得收回成命。好长时间内，投降清廷的明朝旧官吏仍旧身穿明朝的服装，留着长头发。

清政府第二次颁布剃发令与一个叫孙之獬的汉奸有关。孙之獬是山东淄川人，明朝天启年间的进士。清军入关后，他便向清军乞降，当上了礼部侍郎。他急于报效新主子，可又想不出什么平定天下的大计，就走了个"偏门"——主动剃发易服，以表忠心。

一天，他剃了一个金钱鼠尾式的发型，穿了一身满族服装，想在上朝的时候博一个满堂彩。

当时，投降清朝的汉族官员仍然身着明朝服饰，峨冠博带，大袖飘飘。大家看见孙之獬这种不伦不类的装扮，都觉得既可笑又可鄙。于是，上朝排班的时候大家把他挤出了"汉班"。他只好和满族的官员站到一起，而满族的官员们对他同样是嬉笑怒骂，也把他挤出了"满班"。

他恼羞成怒，下朝后草拟了一道奏章，向顺治帝建议：在全国颁布剃发令。他在奏章上说："陛下平定中原，万事鼎新，而衣冠束发之制独存汉旧，此乃陛下从中国，非中国之从陛下也！"

这几句话说到了摄政王多尔衮的心坎上。回顾历史，多尔衮认为辽、金两朝都是由于汉化导致了皇族的消沉，最终亡国。于是，清政府再次下达了"剃发易服"的诏令。

本来，深受封建思想影响的百姓，很容易把朝代更替看成天道循环，因此清兵入关时，他们反抗并不激烈。但是，清政府颁布的剃发易服令，却引起了普通百姓的强烈不满，使本来已经归顺清廷的大江南北重新陷入了动荡。最令人难忘的莫过于"嘉定三屠"。

嘉定三屠城

1645年，太仓嘉定县被清军攻占。局势本来已经安定下来，可是清廷的"剃发令"一下，老百姓立即群情激愤，爆发了全城大起义。

嘉定城内外的百姓同心协力，赶走了清廷的官吏和城中的清军，占领了嘉定县城。起义军推举黄淳耀、侯峒曾二人领导抗清，全民参战，很快就打败了前来围剿的清军。

于是，清军派明朝降将李成栋率大队清兵猛攻嘉定，城中的百姓冒雨奋战，坚守孤城。最后，清军用大炮轰塌了城墙，攻入城中。

黄淳耀、侯峒曾自杀以明志，全城军民战斗到最后，无一人投降。

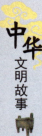

清军进行了血腥屠城，前后共杀了两万多人。这就是第一次嘉定屠城。

清军的暴行并没有扑灭百姓的反抗怒火。之后，江东人朱瑛率领50多人回到嘉定，聚集城中百姓，拿起武器，将清军赶出城外，重新占领了嘉定。清军乘嘉定百姓还没来得及集结布置完毕，再次攻进了城内。有个无耻汉奸向清军献计："要是不杀绝了，还会有后患。"

于是，占领嘉定的清军进行了第二次屠城。许多居民还没起床就被残忍地杀害了。

清军第二次屠城，丝毫没能削弱百姓的反抗意志。一个月后，原南明总兵吴之番率领部下反攻嘉定，城内驻防的清军猝不及防被打得大败。嘉定百姓纷纷加入了吴之番的队伍，表示愿意听从吴总兵的将令，与清军决一死战。

可惜，吴之番手下兵员不多，城中的老百姓又是临时组织起来的，人们还没来得及整顿城防，大队清兵就开始了反扑。明军和城中百姓还没有列好队形就被清军冲散了。总兵吴之番仰天大呼："战死，是我的本分，可惜还没打就溃散了，我死不瞑目啊！"

这位总兵挺枪跃马冲入敌阵，最后战死在嘉定城东门。清军拥入城内，第三次血洗了嘉定城。

潇洒飘逸话服饰

中原百姓，尤其是读书人，自古以来就非常重视衣冠服饰。汉族人的传统服饰从春秋战国直到明朝，虽然出现过一些变化，但是始终保持着峨冠博带、潇洒飘逸的风格。

《 传统服饰 》

清政府严禁汉人私藏明朝衣冠，很多人因为私藏明朝服饰而惨遭杀害。剃发易服令使得流传了千年之久的传统服饰最终被满族的旗装所取代。

根据商代妇好墓出土的玉石人像可以确定，商代贵族的衣服样式相当漂亮：上身穿交领衣，腰束绅带，下身着裳。从西周到春秋战国时期的服饰，除了宽衣长带以外，还吸收了北方游牧部族带钩束腰的特点。这个时期，虽然胡服已经传入中原，但只是戎装，人们在作战时才穿，平时仍然以传统服饰为主。

秦汉时期，服装沿袭春秋战国，在汉代还出现了冠制。因此，中原士大夫峨冠博带、潇洒飘逸的形象到汉代已经基本定型了。在汉代画像石砖上，我们经常可以见到这种美丽高雅的服饰。

魏晋南北朝时期，在服饰上出现了胡、汉融合的特色。从古墓中出土的壁画上可以清晰地看到，在魏晋南北朝时期，男子的服饰依然是"宽衫大袖、褒衣博带"，女子穿的衣衫更是"拖地长裙、饰带华美"。

唐代的服饰是在南北朝胡、汉服装的相互影响下形成的。这个时期的服饰广泛吸收了中亚、印度、伊朗、波斯等地服饰的优点，不仅雍容华贵，而且奇异多姿，成为中国古典服饰中的一朵奇葩。

两宋服饰不仅继承了唐代的高雅奢华，而且把中原地区的传统服饰提高到了一个新的水平。元代服饰，又继承了中原汉族的风格，兼有蒙古族的特色。

明朝，汉人重建政权。官方要求民众衣冠完全恢复唐制。因此，明朝服饰的式样与唐代十分相近。这个时期的官员都是"蟒袍玉带"，文人雅士也是"峨冠博带"，把唐代服饰潇洒飘逸的风格发挥到了极致。

中华文明故事

《 改换服饰 》

清政府的"剃发易服"令，不仅强迫汉人剃发，还强力推行满族的服饰。尽管清朝的官服继承了明朝的补服，但是，为了不被汉人同化，清朝历代皇帝都不遗余力地强迫汉人改换满族服饰，穿满族的长衫、马褂，戴瓜皮帽。

清政府严厉禁止汉人私藏明朝的衣冠，清朝初年，有不少人因为私藏明朝服饰而被清政府处以"大逆"的罪名。在中原流传了数千年之久的"峨冠博带、潇洒飘逸"的衣冠，最终被满族的"旗装"所取代了。

中原服饰注重身体与自然的和谐，体现的是一种含蓄、优雅、庄重之美。主要特点是：交领、系带、无扣。满族服饰简便实用，适合骑射，展现的是游牧民族"身手健美、彪悍敏捷"的草原特色。旗装的样式与中原服饰截然不同，主要特点是：立领、对襟、盘扣。

清初，汉人对旗装十分反感，因为清朝官帽顶上有褐马鸡羽毛制成的"翎子"，上衣的袖口是"马蹄袖"，因此有人作诗嘲讽："头戴飞禽帽，身穿走兽衣。"

其实，有许多满族人对中原服饰十分欣赏。清朝虽然明令禁止穿汉服，但是皇帝却可以不受限制。据说，雍正和乾隆父子二人都十分喜欢穿

满族的旗装有马蹄袖

汉族的传统民族服装。

雍正帝没有继位时，曾让画家为自己绘制过多幅汉服画像。在这些画像中，不但他自己身穿汉服，其他人物也穿着汉服。乾隆帝也多次让画家为他绘制过汉服画像。

《 旗装的演变 》

清中期以后，由于汉族文化和其他外来文化的影响，旗装逐渐出现了变化，男人穿的马褂，女人穿的旗袍都变得越来越漂亮了。

马褂是一种穿在袍服外面的短衣。传统旗装——马褂的长度只到肚脐眼，袖子仅仅遮肘，主要是为了便于骑马射箭，所以称为"马褂"。

马褂分单、夹两种，材质或纱，或皮，或棉，士农工商都可以穿。样式有琵琶襟马褂、大襟马褂、对襟马褂。

满族服装——对襟马褂

马褂颜色变化较大，清初讲究天青色，乾隆中期盛行玫瑰紫。晚清时"袖仅遮肘"的马褂已经不见了，流行天青色长袖对襟马褂，再后来就演变成了今天常见的旗装。

黄马褂最尊贵，是皇帝特赐的服装。穿黄马褂的人有三类：一是天子近侍的职任马褂；二是行围射猎时的优胜者赏穿马褂；三是朝廷勋臣赏穿马褂。私制黄马褂穿是死罪。

清初，满族妇女以长袍为主。到了晚清，满族妇女效仿汉族的风气

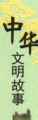

中华文明故事

日盛。晚清流行的旗袍，已经是满族旗装与汉族华服相结合的产物了。旗袍在发展过程中不仅吸收了传统汉族女装的优点，同时还融合了来自西方的西洋服装的风格，变得非常优雅、漂亮。

旗袍的样式很多，开襟方式有如意襟、琵琶襟、斜襟、双襟；领子样式有高领、低领、无领；袖口分为长袖、短袖、无袖；开衩也分成高开衩和低开衩。旗袍能够充分展示女性优美的身型，直到民国时期，女士们优雅的旗袍在大街上仍然是一道亮丽的风景线。

改良旗袍

《 满族的汉化 》

汉族人虽然被迫实行了"剃发易服"，但是汉族的文化精粹仍然完整地保存了下来，而且对入关的满人进行了同化。首先被汉化的是清朝的贵族，最终，所有入关的满族人全都被汉化了。

在同化过程中，清王朝也继承了中华五千年的文化精华，如中原地区的科学思想、应用技术、文学哲学、诗词歌赋、书法绘画、武林绝学、戏曲艺术、雅乐琴音……最终这些都成了清朝的国粹。

中原服饰变换装
碧血丹心照汗青
启蒙思想开先河
中华武林传绝艺
挥毫泼墨文人画
千古奇书耀神州
清朝瓷器显精绝
多彩民居显神韵
古典园林映山河
洋务运动开新篇

碧血丹心照汗青

中华文明的历史长河滚滚向前，犹如大浪淘沙，淘尽了千古风流人物。明末清初民族危亡之际，英烈们那惊天地、泣鬼神的英雄事迹尤为突出。

在明清交替的众多历史人物中，不仅出现了令人难以忘怀的志士袁崇焕、卢象升、李定国、秦良玉；还出现了对后世影响深远的仁人志士，如三晋大学者傅山先生和"血沃中华"的小英雄夏完淳等。他们伟大的、英勇无畏的牺牲精神，鼓舞着一代又一代中华民族的仁人志士前仆后继，奋勇前行！

北国义士傅青主

傅山（1607年—1684年），字青主，号真山、石道人等，山西太原人。

傅山学识渊博，在哲学、儒学、佛学、诗文、书画、金石、医学、武术等方面无不精通。著名武侠小说作家梁羽生在《七剑下天山》中，把傅山先生描写成了一位反清复明的武林高手。

梁羽生先生笔下的傅山形象并非空穴来风。傅山不仅参与了反清复明活动，他本人也确实是一位武林高手。在山西晋中、寿阳等地，至今有人习练

傅山先生是明末清初著名学者、思想家、书法家、医学家和抗清志士，并以"傅氏女科"在医学界享有盛誉。300年来，三晋大地上的老幼妇孺、士农工商都尊敬地称他为"傅山先生"。

傅山像

一种以内功为主的拳术——傅山拳。据武林人士考证，这门十分厉害的武功确实是傅山先生所创。

著名思想家顾炎武清初来到山西，与傅山交往十分密切。由于傅山是当时保持民族气节的杰出人物，所以顾炎武对他非常钦佩。

《 入道隐居 》

傅山出身书香门第，从小聪慧绝伦，喜好读书，过目成诵，是山西著名学者、提学使袁继咸最青睐的弟子。

李自成的农民军攻占北京，明朝灭亡。傅山闻讯曾写下"哭国书难著，依亲命苟逃"的悲痛诗句。为了反抗清政府颁布的"剃发易服"令，傅山拜寿阳五峰山道士郭静中为师，出家当了道人。

傅山平时身着红色道袍，自号"朱衣道人"，别号"石道人"。"朱衣"指朱姓之衣，暗含对朱明王朝的怀念；"石道"表示心如磐石之坚，决不向清政权屈服。可见，傅山反清复明的信念很坚定。

【 反清复明 】

清军入关，抗清浪潮此起彼伏，气势高涨。傅山渴望南明王朝日益强大，早日北上驱逐满人。因此，他积极同南明桂王派到山西的总兵官宋谦联系，密谋在山西发动武装起义。

不幸，宋谦在山西被清军捕获，供出了傅山。傅山被捕后，关押在太原府狱中。羁押期间，傅山坚决否认与宋谦有联系，在酷刑之下，他一口咬定是宋谦求他医病，遭到他的拒绝，故趁机报复。清廷得不到傅山的任何口供，只好将傅山无罪释放了。

《 拒绝出仕 》

傅山出狱后，返回太原隐居。康熙二年（1663年），顾炎武寻访英雄豪杰，在太原找到傅山，两人结为挚友，并商定以票号作为反清的秘密组织，准备再次起兵反清。

傅山先后结交申涵光、孙奇逢、屈大筠、阎若璩、王显祚等名人学者，积极密谋反清起义。

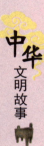

王显祚见傅山住在土窑洞中，特意为他在太原买了一个院子，就是今天太原傅家巷四号院——傅山先生的故居。后来，因形势发生变化，顾炎武和傅山等人谋划的起义没能成功。

康熙十七年（1678年），清廷为了笼络人心，开设博学宏词科，当地官员推荐傅山进京应试。傅山称病拒绝前往，阳曲知县戴梦熊奉命强行将傅山抬到北京。傅山始终卧床不起，拒绝参加考试。康熙恩准免试，并封他为内阁中书，傅山拒不叩头谢恩，连康熙皇帝的面子也没给。

《 著书立说 》

傅山先生虽然没有像顾炎武那样直接批判宋明理学，但是，却第一个冲破了宋明理学的羁绊，不再以经学为学术研究的中心，而是独辟蹊径，广泛研究春秋战国以来的诸子百家之学，开拓了全新的学术研究领域。

明朝灭亡后，傅山成为清代研究诸子百家的开山鼻祖。傅山的诗赋，继承了屈原和杜甫的爱国主义传统，主张诗文"生于气节"，应该以"是否有利于国家和民族"为衡量标准。

傅山一生著述丰富，可惜大都散佚了，仅《霜红龛集》《两汉人名韵》和部分医学书籍留存于世。

《 医学泰斗 》

傅山在医学上造诣极深，对内科、妇科、儿科和外科都很有研究，尤其以妇科水平最高，享有"医圣"之名。他撰写的《傅青主女科》《青囊秘诀》至今流传于世，造福于人。

傅山非常重医德，对病人不问贫富，一视同仁。但是，对那些前来求医的清廷官员和劣绅则婉辞谢绝。他对人解释说："胡人害胡病，自有胡医与胡药，正经者不能治。"

傅山的书法造诣极深，被尊为"清初第一写家"。作为中国知识分子的脊梁，傅山处处表现了坚韧不拔的精神，即使在书法上也不例外。傅山的书法，年轻时学赵孟𫖯，明朝灭亡后，他出于政治上的原因痛骂赵孟𫖯（赵是南宋宗室，降元），并告诫儿孙不许学赵孟𫖯的书法。

晚年的傅山在对王羲之、王献之父子的书法进行了深入研究后，才重新评价赵孟𫖯的书法艺术，并且对赵孟𫖯有所谅解。

傅山的绘画技艺也达到了极高的艺术境界，他画的山水、梅、兰、竹都十分精妙，他的字画渗透着孤高的气节，流溢着爱国主义的气息，在中国古典书画艺术中，博得了后人的高度赞赏。清代学者张庚在《国朝画征录》中，称赞傅山先生"擅画山水""皴擦不多""以骨胜""墨竹亦有气"。

《 武林绝学 》

1985年，山西灵石蔡承烈先生献出了一册光绪六年（1880年）的《傅拳图》手抄本。这套拳术有60多个动作名称和图形。据蔡承烈讲，《傅拳图》手抄本是他祖母何氏从娘家带来的。

何家是灵石县两渡镇上有名的武术世家。这套拳术是清康熙年间何家先祖何世基邀请傅山先生到两渡讲学时传授的。因为何氏出嫁前酷爱武术，就让人临摹了一本，出嫁时带到了蔡家，作为传家之宝，存留至今。

傅山先生先后4次到灵石，在教何家子侄读书的同时也教他们习

武。据《何氏家谱》记载："青主也演拳健身，子侄等爱之，遂也兼学拳棒。"

傅山拳原名朝阳拳，是傅山先生在晋祠朝阳洞读书时编创的。傅山长于佛道养生之学，精通吐纳导引之术，后来，结合易筋经、八段锦等动作，编成了这套"傅氏朝阳拳"。傅山传授武学谨慎，曾告诫弟子："宁愿绝技传英俊，勿使真传落旁门。"所以，傅山拳世代秘传，会的人比较稀少。

《 清和元头脑 》

山西太原名吃"清和元头脑"也是傅山先生所创。

太原名吃"清和元头脑"看上去只是一碗不稠不稀的糊汤，里面泡着几块羊肉。其实配料相当考究，由羊肉、羊髓、酒糟、煨面、藕根、长山药、黄芪、良姜8种成分组成，也叫"八珍汤"，具有强身健体、暖胃合脾的重要功能。

素月孤舟隐清溪

洪承畴（1593年—1665年），福建南安人，本是明朝崇祯皇帝驾下的宠臣，松山会战大败降清后，成了清朝的开国功臣。

当年清朝修订《明史》的时候，连乾隆皇帝都认为洪承畴缺乏起码的民族气节，把他列入了《贰臣传》。但他的家人却具有一定的

洪承畴降清后，当上了清朝的大学士、太保兼太子太师等。但是，他的老母亲、亲弟弟和他的结发妻子都鄙视他的为人，与其断绝了亲情。这充分体现了中华民族大义灭亲的精神气节和铮铮铁骨。

民族气节，并被后人传颂。

1641年，洪承畴奉旨出关，抵抗清军。松山一战，明军溃败，这位明朝重臣也成了清军的俘虏。后来，他向清军投降。

松山战役之后，崇祯皇帝误以为洪承畴已经为国尽忠，便在北京搭设灵堂亲自祭奠，并撰写了著名的《御制悼洪经略文》，而且在洪承畴的灵堂上亲自诵读。悼文写得相当感人，听者无不下泪。

洪承畴原是明朝的首辅大臣，深受崇祯皇帝的器重，他自己也十分得意。他在自家厅堂上悬挂过一副对联："君恩深似海，臣节重如山。"

洪承畴率清兵攻破南京后，要在石头城搞一个祭奠清军阵亡将士的法会。他早年的学生金正希前来看他，对他说"有篇文章想请老师指点"。洪承畴以"眼睛病痛、看不清字"为理由，极力推托。

这位学生固执地说："您眼睛不好没关系，学生读给老师听。"金正希当众展卷，高声诵读，抑扬顿挫，掷地有声，悲恸万分，催人泪下。原来，金正希诵读的正是崇祯皇帝亲自撰写的《御制悼洪经略文》。

尽管金正希为这件事付出了生命的代价，但是洪承畴也丢尽了脸。

顺治四年（1647年），洪承畴从江南总督任上奉诏回京，曾派人奉迎老母亲北上，说是要好好尽一番孝心。

派去迎接洪母的人到达福建南安，洪母居然摆出一副准备接受儿子奉养的架势上路了。乡里乡亲们无不诧异：以洪母的为人，怎么会改变气节、接受汉奸儿子的奉养？

哪知，洪老太太到北京一看见跪迎的儿子就抡起手中的枣木拐杖，劈头盖脸地打过去，口中还骂道："你这个不孝的畜生！我70多岁了，你还叫我到旗下来当老妈子！我今天一定要打死你，替天下人除害。"

洪老太太为什么要这么说呢？原来，洪承畴投降清军后被编入了镶黄旗汉军，按清朝的定制，旗下的命妇必须轮番入宫侍奉太后。

洪老太太千里迢迢赶到北京就是为了给这个儿子一点颜色看看。

《 素月孤舟 》

洪承畴任五省经略回乡省亲时，在泉州建造了一处豪华府第——洪衙，并取名洪衙埕巷。

据说，洪府落成后，竟没有一个洪姓族人愿意居住。洪承畴的妻子愧于丈夫变节，愤然剃光头发，进了尼姑庵。洪承畴到家乡请母亲，洪母深明大义，故意穿着出嫁时的明朝服饰端坐在堂上，对他不理不睬。

洪承畴又去找弟弟洪承畯，洪承畯同样不理他，这位义士造了一只大船，偕母亲泛舟在英溪隐居，并且发誓"头不戴清朝天，脚不踏清朝地"。后人被他的民族气节所感动，在他泊舟隐居的英溪石壁上，刻下了"素月孤舟"四个大字。

小志士血沃中华

让洪承畴最丢脸的事儿，就是当年在南京审讯著名的抗清小志士夏完淳时挨的一顿痛骂。

夏完淳和他的父亲夏允彝都是当时的学者，同时也是明末著名爱国志士。夏允彝、夏完淳父子在反清复明的斗争中先后壮烈牺牲。夏完淳在南京就义时年仅17岁。

夏完淳画像

清军抓到夏完淳后，洪承畴想用软化的手段让他屈服。洪承畴审问夏完淳道："听说你给鲁王写过奏章，有这事儿吗？"夏完淳昂首挺胸地回答道："正是我的手笔。"

洪承畴装出很温和的样子说："我看你小小年纪，未必会起兵造反，想必是受人指使。只要你肯归顺朝廷，我给你官做。"

夏完淳假装不知道上面坐着的是洪承畴，大声说道："我听说我朝有个洪亨九先生（洪承畴号亨九），是个豪杰人物，当年松山一战，以身殉国，震惊中外。我钦佩他的忠烈。我年纪虽小，但是杀身报国，怎能落在他的后面呢！"

这番话把洪承畴说得啼笑皆非，满头是汗。旁边的士兵非常愚蠢，以为夏完淳真的不认识洪承畴，便提醒他说："别胡说，上面坐的就是洪大人。"

夏完淳"呸"了一声说道："洪先生为国牺牲，天下谁人不知？哪个不晓？崇祯先帝曾经亲自设祭，满朝官员为他痛哭哀悼。你们这些叛徒，怎么敢冒充先烈、侮辱忠魂！"

说完，夏完淳指着洪承畴破口大骂。洪承畴被骂得脸色铁青，再也审问不下去了，只好气急败坏地喝令士兵把夏完淳拉了出去。

夏完淳为什么会被捕呢？这还得从头说起。

〖 立志抗清 〗

清军占据江南以后，为了对付抗清力量，派了在松山战役中投降清军的洪承畴总督军事，招抚江南。

这时候，在松江（今上海市）的一批义士正在酝酿起兵抗清，领头的是两个很有骨气的读书人夏允彝和陈子龙。14岁的夏完淳是夏允彝的儿子、陈子龙的学生。夏完淳从小饱读诗书，深明大义，在父亲和老师的影响下，小小年纪就参加了抗清斗争。

起义军攻打苏州失利，松江也沦入清军之手，夏允彝不愿落入清兵手中，投河自尽了。他留下遗嘱，要儿子夏完淳继承他的遗志继续抗清。

父亲的牺牲更激起夏完淳对清廷的仇恨，他和老师陈子龙秘密回到松江，准备再度组织起义。他们得知太湖上有一支吴易领导的抗清义军，于是，夏完淳变卖了全部家产，捐献给义军当军饷，并在吴易手下当了一名参谋。

夏完淳在军中亲手写了一道奏章，派人到绍兴送给南明的鲁王，请鲁王坚持抗清。鲁王听说上书的是一位十几岁的少年，十分赞赏，封夏完淳为中书舍人。

最初，吴易的水军在太湖边上把清军打得晕头转向。后来，由于叛徒的出卖，起义军兵败太湖，吴易也壮烈牺牲了。

第二年，陈子龙因为和顾炎武秘密策动清朝松江提督吴胜兆起兵。不幸，事情泄漏，吴胜兆被杀害，陈子龙也被清军逮捕。在押解南京的途中，陈子龙这位抗清义士挣脱绳索，投河自尽了。

陈子龙牺牲后，夏完淳也因为叛徒告密被逮捕入狱。清军派重兵把他押解到了南京，便发生了前面痛骂洪承畴的那一幕。

《 慷慨悲歌 》

夏完淳饱读诗书，文章写得相当好。流传至今的《南冠草》《狱中上母书》和《遗夫人书》，都是这位年仅17岁的少年用青春热血谱写的生命华章。阅读夏完淳的诗文，总让人感觉到那一股英雄之气，在字里行间驰骋纵横，令人潸然泪下。

夏完淳被捕后被囚禁在南京，他在狱中写下了著名的诗集《南冠草》以及《狱中上母书》《遗夫人书》两封催人泪下的家书。就义前，夏完淳把诗稿《南冠草》交给了姐姐，才得以流传至今。

在《狱中上母书》中，夏完淳深切地表达了对自己的两位母亲——生母和养母的关切之情。

在《遗夫人书》中，夏完淳称赞妻子"贤淑和孝，千古所难"，抒发了自己对妻子的无限深情："肝肠寸断……欲书则一字俱无，欲言则万般难吐。"

夏允彝父子画像

《 英勇就义 》

顺治四年，17岁的少年英雄夏完淳在南京被杀害。在刑场上，他傲然挺立，拒不下跪，面对明孝陵慷慨就义。

朋友们把他的尸体运回松江，葬在了他父亲的墓侧。直到今天，松江城西还保留着夏允彝、夏完淳英雄父子的合葬墓。

中华文明故事

洋务运动开新篇
古典园林映山河
多彩民居显风采
清朝
千古
挥毫泼墨文人画
中华武林传绝文
启蒙思想开先河
碧血丹心照汗青
中原服饰变嬗装

启蒙

思想开先河

　　明末清初，虽然社会动荡不安，但是出现了三位重要学者——黄宗羲、顾炎武和王夫之，他们被后人尊称为明末清初的"三大启蒙思想家"。

　　他们深邃的哲学思想和政治上的民主观念，对明末及清以后的思想界、学术界产生了深远的影响。

　　直到今天，黄宗羲、顾炎武、王夫之这三位启蒙思想家的哲学观念和民主思想，仍然影响着中华民族的文明进程。

黄宗羲——明末清初重要的"启蒙思想家"之一，学识渊博，品德高尚，不仅在史学、经学、天文、地理等方面造诣极深，而且是江南有名的反清志士。

黄宗羲画像

黄宗羲（1610年—1695年），字太冲，浙江余姚人，清初著名经学家、史学家、思想家、教育家、地理学家、天文历算家和反清志士。

黄宗羲学识渊博，思想深邃，有"中国思想启蒙之父"的美誉。据说，黄宗羲出生时，母亲姚氏梦见麒麟入怀，然后生下黄宗羲，所以为他取乳名"麟儿"。

痛斥奸党

黄宗羲出身书香门第，他的父亲黄尊素是著名的"东林七贤"之一。明朝末年，黄尊素因弹劾宦官魏忠贤被削职归籍，不久又被下狱，受尽酷刑而死。

崇祯元年（1628年），宦官魏忠贤被处死，许多冤案得以平反，黄尊素的冤案也得以昭雪。

黄宗羲上书请朝廷诛宦党余孽许显纯和崔应元等人。刑部会审的时候，黄宗羲出庭作证，从袖中拿出钢锥刺许显纯，并当众痛打崔应元，被崇祯皇帝称为"忠臣孤子"。

《 抗清志士 》

崇祯四年（1631年），黄宗羲经朋友介绍加入复社，成为复社中最活跃的人物。后来，黄宗羲还与弟弟黄宗炎、黄宗会，以及好友万泰、陆符等人，在余姚组织了著名的"梨洲复社"。

崇祯十七年（1644年），明朝灭亡。第二年闰六月，余姚的孙嘉绩、熊汝霖起兵抗清。黄宗羲变卖家产，召集了黄竹浦的600多名青壮年，组织"世忠营"响应起义。不久，黄宗羲被南明鲁王聘为左副都御史，四处联络义军，开展抗清斗争。

《 著书立说讲学 》

顺治十年（1653年），抗清失败，黄宗羲返回家乡隐居，并开始著书讲学。

1663年—1679年期间，黄宗羲先后在慈溪、绍兴、宁波、海宁等地设馆讲学，并撰写《明儒学案》《明夷待访录》等重要学术著作。

康熙十七年（1678年），清政府为笼络人心，下诏征黄宗羲为"博学鸿儒"，黄宗羲坚辞不受。不久，康熙皇帝又让地方官"以礼敦请"黄宗羲赴北京修撰《明史》。黄宗羲仍然以"年老多病"为由，拒绝前往。从1680年开始，黄宗羲甚至停止了讲学，全力著书立说。

黄宗羲的哲学思想具有浓厚的唯物主义倾向。他在学术上反对宋明理学"理在气先"的唯心主义思想，坚持认为"理"并不是客观存在的物质实体，只不过是"气"的运动规律而已。

《 爱国主义思想 》

黄宗羲撰写的《明夷待访录》表达了强烈的爱国主义思想。后人猜测，黄宗羲给这部书取名"明夷"二字有两层意思。

第一，从字面上看，"明"是光明的意思，"夷"是损伤的意思，这两个字放在一起有"光明受损，黑暗降临"的意思，暗示了作者对清朝的愤懑和指责，也是对太阳再度升起、照临天下的祈盼。

第二，"明"是指明朝，"夷"表示"诛锄"，这两个字放在一起，表达了作者内心深处的亡国之痛。而"待访"就是等待贤者到来的意思，暗藏着这部书将成为"后人之师"的意思。

《 传递民主精神 》

黄宗羲在《明夷待访录》中，从民本思想出发，对封建君主制——皇权进行了猛烈的抨击，向世人传递了光芒四射的民主思想，这在当时社会环境下是非常难能可贵的。

黄宗羲的《明夷待访录》从根本上否定了封建皇帝"下传子、家天下"的合法性。黄宗羲认为，君主应该是天下人的公仆。

他在《明夷待访录》的《开篇》中指出：古代君主都是"以天下为己任"的，君主所做的一切都是"为天下也"，而不是为了自己的私利。然而，现实生活中的君主却把天下当成自己的私产，"莫大之产业，传之子孙，受享无穷"。文中批判封建皇帝"以天下之利尽归于己，以天下之害尽归于人"。

黄宗羲在这部书中还提出，应该限制君主的权力。他认为，君主一个人治理不了天下，才设置官吏。君与臣共同治理天下，君主不应该高高在上，处处独尊。臣子也应该明确自己是君主的师友，而不是仆妾。

《 大藏书家 》

黄宗羲学识渊博得益于他丰富的藏书。

黄宗羲不仅嗜好藏书，还喜欢抄书。他读遍了家中所有的藏书还嫌

天一阁藏书楼

不足，又到处寻找古籍。黄宗羲的足迹遍及江南著名的藏书楼，如范钦的"天一阁"、徐乾学的"传是楼"、钱谦益的"绛云楼"、祁氏"澹生堂"、钮氏"世学楼"等藏书楼，他都借遍了。

黄宗羲还与许元溥、刘城成立了一个抄书社，专门抄写私家藏书楼中罕见的图书。黄宗羲撰写的《天一阁藏书记》《传是楼藏书记》，是研究明清私人藏书文化的重要史料。

【 教书育人 】

黄宗羲还是一位杰出的教育家。他在《明夷待访录》中还提出，学校要讲时事时政，要明是非之理，还应该广开言路，成为舆论传播的重要场所。

黄宗羲认为学校的领导——"学官"应该有一定的权力，并主张由学校监督政府的行为，这可能是中国最早的关于知识界参政、议政的新思想。黄宗羲还提出教育要"经世致用"，学校的教育要与社会现实相结合。

黄宗羲长期在慈溪、绍兴、宁波、海宁等地讲学，培养了很多非常优秀的学生。因此，他被后人称为中国"启蒙思想第一人"。

开国儒师顾炎武

顾炎武——明末清初重要的"启蒙思想家"之一，品格高尚，性情耿介，在哲学、史学、文学方面都有很深的造诣，同时还是江南著名的反清志士，曾远赴山西联络抗清。

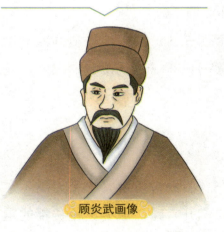

顾炎武画像

顾炎武（1613年—1682年），字宁人，学者称亭林先生。

顾炎武是明末清初思想家、学者。他与黄宗羲、王夫之一起被后人并称为"清初三大启蒙思想家"。

顾炎武从小聪明好学，品格高尚，常以岳飞、文天祥等忠义之士为自己学习的榜样。他14岁考中秀才，然后与挚友归庄共同加入了复社。他们两个人性格耿介、特立独行，被人称为"归奇顾怪"。

立志抗清

清兵入关后，顾炎武加入抗清队伍，任南明政权的兵部司务。清顺治二年（1645年），顾炎武前往南京就职，可惜他人还在路上，南京就已被清兵攻占了，弘光帝被俘，南明政权也瓦解了。

于是，顾炎武和挚友归庄、吴其沆弃笔从戎，参加了南明右佥都御史王永祚的抗清义军，南明隆武帝任命顾炎武为兵部职方司主事。

不久，复社名士、原明朝兵科给事中陈子龙、顾咸正和杨延枢等人策动松江提督吴胜兆起义反清，顾炎武也参与了这件事。事情败露，吴胜兆被押往南京斩首，陈子龙投河自尽，杨延枢和顾咸正遇害。顾炎武悲恸欲绝。

顾炎武没有退缩，他不顾个人安危，继续联络归庄、陈忱、吴炎、潘柽章和万寿祺等仁人志士，秘密进行抗清活动。

《 中正耿直 》

1655年春，顾炎武家的仆人陆恩背叛主人，以"通海"（当时南明势力都在海上）的罪名控告顾炎武，企图置顾炎武于死地。顾炎武回到昆山，秘密处死了陆恩，案发后被移交松江府。

在此危急之际，顾炎武的好朋友归庄出面向当时的著名学者钱谦益求援。钱谦益是文坛的领袖，在清廷任礼部右侍郎。钱谦益声称："如果宁人是我的门生，我就好出面替他说话了。"

归庄明知道顾炎武不会同意，还是代顾炎武写了帖子，拜钱谦益为师。顾炎武知道以后，立即派人索要归庄代写的门生帖子。钱谦益不给，顾炎武便写了一张告示，声明自己从来就没有归入钱氏门下，并托人在大街上四处张贴，弄得钱谦益十分尴尬，只好自我解嘲道："宁人忒性急了！"

1656年春天，顾炎武出狱，决计北游，一方面远行避祸，另一方面还想考察北国山川形势，广结北地抗清志士，以图恢复明朝。他就是在这个时候与三晋大儒、反清义士傅山先生结为好友的。

此后的20多年间，顾炎武孑然一身，游踪不定，足迹遍及山东、山西、河南、河北等地。顾炎武虽然没能实现"反清复明"的大业，却因为"往来曲折二三万里，所览书又得万余卷"，成为一位伟大的学者。

《 复古维新 》

用什么来取代宋明理学呢？顾炎武认为只有一条途径：那就是复兴真正的孔孟之学——经学。用他自己的话说就是"以复古作维新"。

顾炎武认为，只有孔孟之学——经学，才是儒学的正统。他批评当时人们沉溺于宋明理学家的"语录"、不去钻研儒家经典著作的现象是"不知本"。他主张"治经复汉"，号召人们"鄙俗学而求六经"。他的目的其实就是恢复孔子和孟子的正宗儒学思想。

《 提倡民主 》

顾炎武虽然没有直接否定封建皇权，但从"明道救世"的治世思想出发，对专制主义的皇权提出了大胆的质疑。

顾炎武第一个考证出"君"并不是封建帝王的专称，第一个明确提出了反对君主"独治"天下的主张，第一个提出了由"天下人治天下"的民主思想。他认为应该让"天下人管天下事"，因此，可以说顾炎武是中国最早的反对封建专制制度的启蒙思想家。

顾炎武从"明道救世"的思想出发，针对当时的状况，提出了"天下兴亡，匹夫有

顾炎武著书立说

中华
文明故事

030

责"的响亮口号。

顾炎武的"天下兴亡"，已经不再是一家一姓的封建王朝的兴亡，而是整个中华民族的生存和中华文化的延续。

因此，他提出的"天下兴亡，匹夫有责"的口号，就成为具有深远意义和重大影响的民族精神，成为激励中华民族自强奋进的精神力量。

顾炎武学识渊博，在经学、哲学、史学、地理学、音韵学及金石考古方面都有独到的见解，是明末清初承前启后、开启一代学术先河的大宗师。因此，他也被后世称为清朝的"开国儒师"。

湖湘文化的源头

王夫之（1619年—1692年），字而农，号薑斋，衡阳（今属湖南）人。因为晚年隐居在南岳衡山下的石船山著书立说，所以世人也称他为"船山先生"。

王夫之是明末清初的思想家，是中国朴素唯物主义思想的集大成者和启蒙思想的先驱，其思想是湖湘文化的源头，与黄宗羲、顾炎武并称为明末清初"三大启蒙思想家"。

王夫之，人称"船山先生"，也是明末清初重要的"启蒙思想家"之一。在哲学、史学、文学、美学等方面都造诣极深，是近代启蒙思想的先驱，同时也是江南著名的反清志士。

王夫之反对程朱理学，主张"经世致用"，曾作诗："六经责我开生面，七尺从天乞活埋。"晚清重臣曾国藩、维新志士谭嗣同等都深受王夫之思想的熏陶，对他推崇备至。

王夫之画像

　　王夫之与黄宗羲、顾炎武一样，对明王朝十分忠心。1643年，张献忠率农民起义军攻克衡阳，慕王夫之兄弟之名，想招王氏兄弟入自己军中。王夫之得知后，和他哥哥一起隐匿到衡山上。李自成攻克北京，王夫之数日不食，作《悲愤诗》一百韵。

　　1646年，八旗军南下，进逼两湖。王夫之得到消息后赶到湘阴，上书给南明监军、湖广巡抚章旷，向他提出了"调和南北督军的矛盾，联合农民军共同抗清"的主张，但没有被采纳。

　　1648年，王夫之与管嗣裘、僧性翰在衡山组织并发动武装抗清，失败后辗转到肇庆，投奔了南明永历政权。

　　王夫之为人耿直，在南明小朝廷连续三次上书弹劾大学士王化澄等人贪赃枉法、祸国殃民的罪行，结果遭到报复，使自己身陷大狱。后来，经李自成的部将高一功仗义相救，才幸免于难。

　　王夫之逃脱大难，又到桂林投奔南明重臣、抗清英雄瞿式耜。后来，清兵大举进攻，桂林陷落，瞿式耜殉难，王夫之隐遁山林。他先辗转于湘西，后来又逃入瑶洞，藏身在深山中，直到1651年，他才回到衡阳。

【 学术著作等身 】

　　回到家乡后，王夫之因为誓不剃发，不容于清朝当局，只好四处流浪，最后定居在衡州府衡阳县的金兰乡。王夫之最初住在茱萸塘的"败叶庐"，后来又在石船山下筑草堂而居，人称"湘西草堂"。王夫之在

中华文明故事

这里隐居多年，撰写了多部重要的学术著作。

王夫之在后半生的40多年间，著书上百种，内容涉及哲学、政治、文学、历史、法律、军事、教育、伦理和天文等多个领域，尤其在哲学、史学和文学方面贡献最大。

王夫之的重要著述有：《周易外传》《尚书引义》《老子衍》《庄子通》《思问录内外篇》《楚辞通释》《读通鉴论》和《永历实录》等70多种，这些书都被后人收录在《船山遗书》中。

《 学术成就辉煌 》

王夫之继承并发展了中国古代哲学中朴素的唯物主义思想，彻底否定了宋明理学"以理为本、理在气先"的唯心主义观点，坚持了物质第一的唯物主义世界观，创立了在中国哲学史上占有重要地位的、博大精深的哲学体系。

王夫之的哲学体系，充满了朴素的辩证法思想，他第一个提出：事物的荣枯代谢、推移吐纳是宇宙的根本法则，并明确指出：旧事物的死亡，孕育了新事物的诞生。

在社会制度上，王夫之从儒家的"民本思想"出发，主张削除贫富差别，提出了"平天下者，均天下而已"的政治主张。他抨击明朝的社会弊端，反对豪强兼并土地，并认为这是明朝灭亡的根本原因。

在法律思想上，王夫之严厉批判了儒家"礼不下庶人，刑不上大夫"的人治原则，针锋相对地提出了"严以治吏"的观点，提出了重在防止"职务犯罪"的立法思想。王夫之还反对恢复上古的肉刑，力主废除以非人道的方式对待罪犯的专制酷刑。

王夫之主张以法律制约君主的权力、限制君主的不法行为。在这种思想的主导下，王夫之猛烈抨击了秦朝的封建专制制度，深刻批判了秦始皇和历代帝王把天下当作私产的做法。

　　王夫之在美学方面也作出了重要贡献，在许多传统美学范畴中都有独到见解。王夫之认为"美"并不是一成不变的，而是经过艺术创造的产物。

《 中华民族的脊梁 》

　　王夫之为了"避世"，从33岁以后就开始了"栖伏林谷，随地托迹"的流浪生涯，前后长达40多年。更难能可贵的是，这位伟大的学者在逃难、隐遁的日子里，始终刻苦钻研，勤于著述，直到1692年因病逝世。后人在长沙岳麓书院为王夫之修建了祠堂——船山祠，以纪念这位伟大的学者和思想家。

　　王夫之在极端困难的情况下始终没有剃发，他是"全发以终"的。可以说王夫之是明清之际最有骨气的学者，也是明清之际极少数终生坚持自己信念的学者，是知识分子的楷模，也是真正的中华民族的"脊梁"。

岳麓书院船山祠

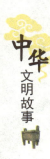

中华武林传绝艺

清朝的文治武功成果斐然：文有黄宗羲、顾炎武、王夫之三大启蒙思想家，武有太极、形意、八卦、八极等拳术和新武术流派的出现，把文武之学都推到了历史的巅峰。

中华武术源远流长，已经有几千年的历史。武术最初是人类为了生存，在和野兽搏斗的过程中产生的，后来主要用在日常防身健体和战场御敌败寇上。

明末清初，中华武术进入鼎盛时期，并分化为两大流派：以武当派为代表的内家拳和以少林派为首的外家拳。

无论内家拳还是外家拳，都是在明朝逐渐进入鼎盛时期，在清朝初年达到武学巅峰的。

天下功夫出少林

唐太宗李世民封赠少林寺僧人之后，嵩山少林寺僧众就有了练功习武的传统。由于各地武术名家经常慕名前来切磋武功，少林寺很快就成为中华武术的汇集之地，并被誉为"天下第一名刹"。

明朝末年，中原志士抗清失败，武林高手中有许多人耻于"剃发易服"，纷纷遁迹山林，剃度为僧。因此，少林功夫在明末清初达到了中华武术的巅峰。

《 少林武术的流传 》

明朝中期，开始流传达摩祖师"一苇渡江"的故事和他所创立的"十八罗汉手"。达摩祖师从家乡印度带到中原的"瑜伽术"很可能影响过少林武术的发展。

少林派武术刚健有力、朴实无华，以散打技击名闻天下。这也是"天下功夫出少林"的由来。

《 少林拳主要套路 》

少林武术套路有单练和对练两种，单练套路中最重要的是"少林五拳"。武林名家白玉峰入嵩山少林寺，法号秋月，并创立少林五拳，后来传给觉远和尚。不久，两个人共同撰写了《少林五拳精要》一书，为少林武术的发展打下了坚实的基础。少林五拳主要由龙、虎、豹、蛇、鹤五种动物的动作神态组成，属于象形拳。

少林武术在元代以后逐渐衰落。到明朝中叶，著名军事家、武术家俞大猷

少林派拳术

亲临少林寺传授武艺，少林武术再次声名鹊起。

《 少林派传统器械 》

少林武术中，器械相当重要，以刀枪剑棍为主，十八般兵器都有独到的招式，其中以少林棍、九节鞭、疯魔杖法最为著名。少林棍术名传天下，而疯魔杖法更是中华武林中的一绝。

少林九节鞭

九节鞭迅捷、灵活，以稳、准、快、巧取胜。练习时，鞭花纵横交错、变化莫测。以头、肩、颈、肘、膝缠绕发力，时而横扫前滚，时而抛向空中，时而如枪直击，时而如棍飞舞，给人以变化无穷之感。

九节鞭在技击时讲究"竖打一条线，横扫一大片，竖轮转平扫，回身缠绕绊"，威力相当大。

疯魔杖是少林罗汉门独门兵器，长两米，两端是日月双铲。疯魔杖法大开大合、勇猛绝伦，以"劈、切、截、戳、挑、撩、扫、挂、刺"九法为克敌制胜的精华。疯魔杖在与人对战时既如游龙飞凤般轻盈矫健，又似秋风扫落叶般勇猛无情，被称为武林绝学。

《 少林武功的要点 》

少林武术的精华是"拳禅合一"。少林寺是佛教禅宗的源头，禅宗

少林圣地——塔林

讲究"明心见性、顿悟成佛"。参禅是正道，拳术只不过是"末技"。

少林僧众练功习武虽然是为了健身自卫、护寺护法，但主要是借练功习武达到"收心养性、四大皆空"之目的。

正因为禅宗没有把武技看得太重，而是以"禅定"的功夫为本，才使得武僧们能够在心静如水、无患无虑的状态下练功，才使得少林武僧往往得以步入武学的极高境界，成为真正的武林翘楚。

文有太极安天下

关于太极拳的起源众说纷纭，至今并无定论。有两种说法最流行：第一种说法——太极拳是武当道士张三丰所创立，第二种说法——太极拳是明末清初河南武林人士陈王廷所创立。

广泛流传的太极拳是传承有序的，大都出自河南陈家沟武术名家陈

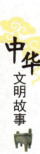

王廷的门下。因传说陈王廷可能出自武当门下，所以不能完全排除太极拳与武当派之间的深厚渊源。

太极拳的风格、特色与武当派内家拳术非常相似，在太极门中广泛流传的"太极拳论"，也确实记载着"武当山张三丰祖师"的遗论，因此，武林中人把太极拳归于武当派也不完全是空穴来风。

太极拳是明清之际兴起的内家拳术，有陈氏、杨氏、武氏、孙氏多个流派。当前流行最广的是陈氏太极和杨氏太极。出自陈家沟的陈氏太极是其他各派的渊源。

《 太极拳发展变化 》

自从陈王廷确立太极拳的基本拳法以来，太极拳发展很快。清代中期，陈王廷的后人陈长兴在祖传太极拳的基础上再树丰碑。

陈长兴对太极拳有两大贡献：第一，将陈王廷整理的一至五路太极拳精炼归纳，创造性地改编成了完整的套路，形成了广泛流传的"陈氏太极拳老架"；第二，他打破门规，收河北广平府杨露禅为徒，让太极拳走出了陈家沟，走出了河南省，走向了全世界。

自陈长兴收杨露禅为徒以后，太极拳真正进入了"代有传人，名手辈出，绵延不绝，流派纷呈"的全盛时期。

陈氏太极拳老架

杨露禅学艺有成，在北京教授太极拳。因为京城的王公贵胄们要学太极，杨露禅只得将"陈式太极拳老架"中的高难度动作逐步舍弃。最终，形成了太极门中新的流派——杨氏太极拳。

此后，从杨氏太极中又衍生出武氏、孙氏等多个太极拳分支。至此，从陈家沟流传出来的太极拳演变成了名满天下的内家拳代表拳种。

《 太极拳主要特点 》

太极拳的运动特点是刚柔相济，轻灵圆活，开合有序，身法自然。在练拳时可以体会到"行云流水，连绵不断"的意境。

杨氏太极拳源于陈式太极，后与武当派道家功法相结合，把太极拳推到了巅峰。其中，以杨露蝉之子杨班侯在京所传"杨氏太极拳188式练功架"（也称188式老架太极拳、太极老架）和杨露蝉之孙杨澄甫所传"杨氏太极拳传统套路103式"最受武术界推崇。

在世的杨氏太极拳188式练功架代表人物是白庆斋老拳师。白庆斋是杨露蝉之子杨班侯的第四代传人，现为"白庆斋武学堂"掌门。白老拳师虽已年过九旬，但雄风依旧，他演示的杨氏188式老架太极舒展松沉，刚柔相济，劲力精巧，神妙莫测，充分显示了武当派拳术内在的精神气质。其弟子赵克振、黄承军和李洪源等，在北京、河北、山东及海外广有传人。

在世的杨氏太极拳传统套路103式代表人物是杨澄甫的三子杨振铎老拳师。传统太极拳103式是以杨健侯之子杨澄甫整理的"太极定式"发展定型的，在全国各省市及海外流传甚广。杨振铎老拳师虽已年过九旬，但仍精神矍铄，坚持传艺。半个多世纪以来，他为传统杨氏太极拳在海内外的发展、推广和普及作出了非常重要的贡献，被武术界尊为传统杨氏太极拳的泰斗。

太极拳与《易经》《黄庭经》《黄帝内经》等中国传统哲学、医术有着密切的关联，是中华民族辩证思维与武术、气功的完美结合，是高层次的人体文化。

由于太极拳吸收了释、道、儒三教的精华，所以被称为"国粹"，这也是太极拳被归于武当派的重要原因。

《 太极拳练习要领 》

武当派祖师张三丰的《太极拳遗论》中讲道："长拳者，如长江大海，滔滔不绝也。掤、捋、挤、按、采、挒、肘、靠，此八卦也。进步、退步、左顾、右盼、中定，此五行也……合之则为十三势也。"

杨氏太极拳第三代传人杨澄甫先生曾总结出练习太极拳的十大要领：虚灵顶劲、含胸拔背、沉肩坠肘、松腰松胯、上下相随、内外相合、分清虚实、动中求静、连绵不断、尚意不尚力。

张三丰祖师遗论中的太极十三式是太极拳的基本招式，杨澄甫先生的十大要领是练习太极拳时必须遵守的法则，两者缺一不可。

《 太极拳技击方法 》

太极拳术同其他武术一样，目的在于技击。太极拳技击，从"太极推手"入门，以太极十三式——"掤、捋、挤、按、采、挒、肘、靠、进、退、顾、盼、定"，为克敌制胜的根本大法。练好太极十三式，对敌时"拳、掌、腕、肘、肩，脚、腿、膝、腰、胯"全身处处都能发力，都能把对手"发"出去。

太极拳最讲究"武德"。练习者有多高的定力，有多高的修养，也就有多高的成就。心中不静、好勇斗狠的人是永远学不好太极拳的。

《 太极门器械练习 》

太极门的兵器有太极剑、太极刀和太极枪。由于在冷兵器时代，上阵交锋以长枪为主，所以传统陈氏太极和杨氏太极都非常重视枪法，"六合枪"是太极门的精华。

当前，流传最广的是杨澄甫老师所创的传统杨氏太极剑，这趟剑术共54个传统招式，练起来同太极拳一样，动作沉稳，潇洒舒展，连绵不绝，如行云流水，最受广大武术爱好者的青睐。

因为传统杨氏太极剑以"劈、崩、点、刺、抽、带、提、撩、搅、压、截、击、抹"十三字诀为主，所以此剑术也称太极十三剑。

武有八极定乾坤

八极拳由八种拳法的精华组成，所以称"八极拳"。也有人认为，八极拳在攻防中常用的"头肩肘手，胯膝尾足"是人身体上的八极，所以称八极拳。

八极拳是中华武林的著名拳种，也是明末清初创立的。据《八极拳精要》和《沧县志》记载，八极拳的重要传承人是丁发祥。

丁发祥（1615年—1694年），字瑞羽，明末清初人，最初随父亲练习家传的查拳、潭腿和戳脚，后来遇到绰号为"邋遢道人"的黄绝道长，最终练成八极拳绝技。

清雍正年间，著名八极拳大师吴钟以一杆红缨枪，"南七北六十三省，扎遍天下无敌手"，有"南京到北京，神枪数吴钟"的美称。

吴钟有一个女儿，名叫吴荣。吴荣自幼随父亲习武，年近30岁时才嫁入海丰少林长拳门戴家。后来，吴荣又将长拳中的太祖拳、飞虎拳、

桃花散手等按八极拳的风格
提炼修改，传回到自己的娘
家——孟村。从那以后，到
孟村向丁、吴两家学习八极
拳的人越来越多，很快就传
遍了全国。

　　清朝末年，八极拳门下
以李书文（字同臣）名气最
大。

　　李书文的大弟子霍殿阁
担任过末代皇帝溥仪的武术
教师和警卫官。霍殿阁在沈

八极拳

阳与日本空手道、柔道、剑道高手进行过无数次比试，每次都大胜对
手。

　　李书文的关门弟子刘云樵是国民党侍卫队教官，当过蒋介石的警
卫，晚年生活在台湾。现在台湾练习八极拳的武林人士大都出自刘云樵
的门下。

　　当代的八极拳大师以河北沧州孟村的吴连枝先生最负盛名。

《 八极拳的攻防特色 》

　　八极拳以刚猛暴烈闻名于世，在武林中有"晃膀撞天倒，跺脚震九
州"的说法。因为八极拳动作刚劲、朴实无华、爆发力极强，所以，武
警部队使用的擒拿、格斗、捕俘等招式都取自八极技击方法。武术界也
有"文有太极安天下，武有八极定乾坤"的说法。

　　八极拳套路有八极小架、八极对接、刚劲八极、太祖拳、飞虎拳等

多种。核心套路是"八极对接"，这路拳法由四趟、四十二势组成，主要动作包括：左右提打、顶肘、端裆、托窗、大缠、小缠、挎塌、跪膝、扑面掌、转环掌和落步砸等。

八极拳还有许多对练套路和器械，器械中最重要的是枪，以六合大枪和六合花枪闻名于世。八极拳大师吴钟和神枪李书文都是以枪法闻名武林的。

威震九州形意拳

形意拳也称心意拳、心意六合拳或六合拳。形意拳虽然与太极拳、八卦掌同属于武当派内家拳术，但是却快如电闪雷鸣，以硬打硬进、快攻直取的风格在内家拳中独树一帜。

形意拳是重要的内家拳法。形意门大都尊岳武穆——岳飞为始祖。

山西武学名家姬隆风练成"形意拳"绝艺后，传授给山西人曹继武，曹继武又传给河南人马学礼和山西人戴龙邦，戴龙邦又传给弟子李洛能。

在李洛能的大弟子、形意拳名家车毅斋的故乡——山西太谷桃园堡村，至今仍然有许多人练习形意拳。车毅斋的弟子布学宽、李复贞（长友师父）等形意拳名家门下都枝繁叶茂，代有传人。

《 形意拳的发展变化 》

目前，形意拳有三大流派：流行于河南的"心意六合拳"是当年马学礼的弟子所传；流行于山西、河北的形意拳是戴龙邦的弟子李洛能所传；此外，还有山西戴氏祖传的戴派形意拳。其中，李洛能所传一支流传最广、影响最大。

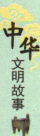

李洛能门下八大弟子：山西的车毅斋、宋世荣、宋世德、李广亨四人，河北郭云深、刘奇兰、刘晓兰、贺运亨四人。这八大弟子为光大形意门作出了重大贡献。

北京、河北一带的形意拳师大多是郭云深的弟子李存义、孙禄堂所传。孙禄堂先生的再传弟子李天骥(其父李玉琳是孙禄堂先生的入室弟子)曾著有《形意拳术》一书，流传很广。

山西太原以及晋中等地的形意拳师大都是车毅斋的弟子布学宽和李复贞所传。其中，布学宽先生之子布华轩及杨吉生、车向前、孙得宜、任德老师都武艺精湛、弟子众多，为车派形意拳的传播和发扬光大作出过重要贡献。

《 形意拳的运动特点 》

流行于山西、河北一带的形意拳比较接近，桩功都是"三体式"，所以形意门很早就有"万法出于三体式"之说。基本拳法都是五行拳和十二形拳。五行拳由"劈、崩、钻、炮、横"5个古朴的招式组成，十二形拳则是模仿"龙、虎、猴、马、鸡、鹞、燕、蛇、鼍、骀、鹰、熊"12种动物的形态。

形意拳单练套路有五行连环、杂式锤、鸡形四把、十二洪捶、龙虎斗、八字功等多个套路。对练有三手炮、五花炮、安身炮、九套环等多种练法。

河南形意拳称为"心意拳"，拳法以

形意桩功——三体式

十大形"龙、虎、鸡、鹰、蛇、马、猫、猴、鹞、燕"和四拳八式"头拳、挑领、鹰捉、粘手"为基本拳法，桩功有鸡腿桩、鹰熊桩等。单练套路有龙虎斗、十形合一、上中下四把等。

五行拳虽然只有"劈、崩、钻、炮、横"5个看似简单的动作，后手却暗藏无穷变化，这也是形意拳最迷人的原因。

"劈、崩、钻、炮、横"五拳还与阴阳五行中"金、木、水、火、土"相对应，长年练习五行拳，对"心、肝、脾、肺、肾"的健康有极大益处。

十二形之鹞形

十二形拳虽取自12种动物的形态，却并不是简单的模仿，而是讲究象形取意。例如，练习龙形，取其"升天入海、变化莫测"之意；虎形，取其"纵山跳涧、勇猛扑食"之能；蛇形，取其"盘旋往来、伸缩吞吐"之快；鸡形，取其"抖翎之威、食米之巧"和争斗之勇；而鹰、熊两形合演，主要取鹰在擒拿捕捉时的准确勇猛和熊在搏击争斗时的沉稳雄浑。

《 形意拳的技击要领 》

山西、河南、河北三地的形意拳虽然流派不同、各具特色，但是，在技击中都强调"硬打硬进、快攻直取"，具有一些共同特点。

第一，根基沉稳、内功深厚。形意拳讲究"迈步如行犁、落脚如生根"，身法沉稳，强调气沉丹田、力发于背。

第二，严密紧凑、朴实无华。形意拳出手制敌时"起如钢锉、落如钩竿"，步法严谨自然、打法干脆利落，让对方无懈可击。

第三，六合为本、动作协调。形意拳强调"六合"，其中"心与意合、意以气合、气以力合"为内三合，"肩与胯合、肘与膝合、手与足合"为外三合，总体称为"六合"。

形意拳术练到"六合"的境界，身法自然，出手御敌时可以战无不胜。

形意拳名家韩慕侠老师，1918年在北京六国饭店与俄国大力士康泰尔比武，双方交手，他只用了一招"虎扑"，就把康泰尔打得仰面朝天、摔倒在地，再也不敢打了。

第二天在北京中山公园，康泰尔——这位号称"天下无敌"的俄国大力士在韩慕侠面前甘拜下风，乖乖交出了11面比武获胜的金牌。

韩慕侠不仅深得形意拳大师李存义的真传，而且还曾远赴山西向车毅斋等形意名家求教。他在北京比武得胜，为形意门挣足了光彩。

周恩来总理当年在天津南开读书时，也曾在韩慕侠门下习武，被韩慕侠之子韩小侠称为周师兄。周恩来担任黄埔军校政治部主任时，韩慕侠担任黄埔军校国术教官。抗战初期，韩慕侠被聘为二十九军武术教练，令日寇闻风丧胆的二十九军大刀队就是韩慕侠先生亲手训练出来的。

挥毫泼墨文人画

　　清朝是宋元以来文人画发展的鼎盛时期。由于扬州画派的形成及著名的"扬州八怪"在绘画中取得的伟大艺术成就，使中国的传统绘画在清代中期再一次进入了百花盛开的繁荣年代。

　　历史确实是一位幽默大师。清朝的建立，一方面导致了明朝的毁灭和中国资本主义萌芽的夭折，同时，也把两位明朝的皇族——朱耷和朱若极推进了高雅的艺术殿堂。最终，这两位画坛巨匠挥毫泼墨，用大写意的手法把中国传统的文人画推向了艺术的巅峰。

　　清初，扬州画派的开山鼻祖是"画坛四僧"。而在这"四僧"之中，最重要的两位就是"八大山人"（朱耷）和"石涛"（朱若极）。可以说，如果没有八大山人和石涛就不会有扬州画派，也就不会有著名的"扬州八怪"了。

中华文明故事

朱耷，明朝皇室后裔，明亡后，先落发为僧，后来又束发为道。朱耷是扬州画派鼻祖，清代文人写意画的一代宗师。他在题诗作画时署名"八大山人"，看上去既像"哭之"，又像"笑之"。

八大山人像

八大山人（1626年—1705年），名叫朱耷，号八大山人、雪个等。他是明朝皇室的后裔，在皇室族谱中名叫朱由桵，是明太祖朱元璋的第十世孙，同时也是扬州画派的开山祖师。

朱耷是"清初四僧"之一，尤其擅长水墨花卉鱼鸟。朱耷的画深受明朝画家徐渭的影响，以简洁孤寂的意境，泼墨写意的画风，成为一代宗师。后人认为他的绘画作品取法自然，笔墨简练，大气磅礴，独具匠心。

独特的署名

朱耷生长于大明王朝皇室，从小深受文化艺术的陶冶，8岁学作诗，11岁已经能画青绿山水，并且能悬腕书写米家小楷。

明朝灭亡时，朱耷已经19岁。他隐姓埋名，先落发为僧，后来又束发为道。朱耷曾经在画中题诗，从其中的"墨点无多泪点多，山河仍是旧山河"，可以看出他的内心世界十分痛苦。

朱耷题诗作画时常署名"八大山人"，看上去既像"哭之"，又像"笑之"，以此寄托他失去故国后"哭笑皆非"的痛苦心情。

清朝初年，朱耷带着母亲和弟弟住在南昌城抚州门外。那段时间，朱耷的生活十分清贫，每天蓬头垢面，徜徉街市。他喜欢饮酒，醉后常挥动画笔，泼墨作画。不论山僧、贫士、屠夫、沽儿，谁向他索画，他全都有求必应，慷慨相赠。

【 水墨山水写意精妙 】

朱耷36岁时，寻觅到一处风景优美的好去处——距南昌城郊7.5千米的天宁观。他在天宁观旧道院的基础上进行了重建，并改名"青云圃"，他也当了道士，成了"青云圃"的开山祖师。

水墨写意画是宋元时期兴起的文人画，发展到明清时期，出现了许多水墨画写意大师，有人擅长山水，有人擅长花鸟，而在八大山人的笔下，山水、花鸟全都十分精妙。

八大山人的山水画兼有董源、巨然、米芾、黄公望各名家之长。例如，收藏在上海博物馆的八大山人的《书画册》共有6幅山水小品，这些小品粗看很像董其昌，但画中用笔的圆润又显示出董源、巨然和黄公望的笔法，山峰岩石的墨法中还带有米芾云山的风格。

其实，在八大山人的水墨山水画中，古人的传统画法只不过是他随手拈来表现自己艺术价值的陪衬。他所画的山石、树木、花草，以及亭阁、小桥、房舍等，表面上看似乎漫不经心、信手拈来，但是，所有景物的干湿浓淡、疏密虚实、远近高低，全都是恰到好处的。

【 水墨花鸟惜墨如金 】

比起山水画来，八大山人的花鸟画更凸显了他的个性和风格。他笔下的花鸟画最突出的特点是一个"少"，也可以说"惜墨如金"。所谓

"少"，一是指描绘的对象少，二是指描绘对象时用的笔画少。

在八大山人的花鸟写意画中，一条鱼、一只鸟、一只雏鸡，或一棵树、一朵花、一个果实，都可以构成一幅完整的画。八大山人的画虽然以"少"著称于世，却少得有情趣、有意境，能透过"少"给欣赏者一个无限遐想空间。在这点上，可以说前无古人，后无来者。

八大山人用墨的功夫最深，他是第一个充分利用生宣纸的特性加强艺术表现力的画家。

八大山人水墨花鸟

生宣纸吸水性强，容易使墨汁扩散。这本来是个缺点，但是，八大山人却把它变成了优点，他有意让墨汁扩散以达到美的效果。这不仅为水墨写意画开辟了广阔的前景，而且创造了水墨写意画的全新画法，在中国绘画史上功不可没。

八大山人曾经画过一幅《古梅图》。画面上树干是空心的，虬根露出，光秃的几枝杈枒，寥寥地点缀着几朵梅花，像饱经风霜、劫后余生。画上题诗："得本还时末也非，曾无地瘦与天肥。梅花画里思思肖，和尚如何如采薇。"

这首诗用了两个典故，"梅花画里思思肖"，说的是元代画家郑思肖。南宋灭亡之后，郑思肖隐居吴下，画兰花时露根不画土石，有人问他为什么不画土石，郑思肖恨恨地回答："土地都被人抢夺去了，你难

051

道不知道吗？"

"和尚如何如采薇"，说的是殷商遗民伯夷、叔齐在西周灭商以后，隐居首阳山不食周粟被饿死的故事。

八大山人这幅《古梅图》是仿照郑思肖画兰花的笔意，寓意是：国土全都被满人抢占了，他这个皇室的子孙只能出家为僧，像伯夷和叔齐那样靠采野菜生活了！

《 生前身后影响深远 》

八大山人的画，前承古人，后启来者，300年来饮誉画坛。1985年，八大山人被联合国教科文组织命名为中国古代十大文化名人之一。

从清代中期的"扬州八怪"，到近、现代画家吴昌硕、齐白石、傅抱石、张大千、潘天寿、李苦禅等著名画家，都深受八大山人的影响。齐白石老人曾有诗句："青藤雪个远凡胎，缶老当年别有才。"其中所说的"雪个"便是八大山人。

清初画坛第一人

石涛，明朝皇族之后，名朱若极，明靖江王朱亨嘉之子，扬州画派的重要创始人。石涛的山水、人物、花鸟都深受后人推崇。

石涛（1641年—约1718年），也是明朝皇室的后裔，名叫朱若极，号石涛，又号苦瓜和尚、大涤子、清湘陈人等。曾为僧，法名原济，亦作元济。石涛和朱耷一样，也是"清初四僧"之一，晚年定居扬州，对扬州画派的形成有重要影响。

石涛的诗文、书画都很有造诣，尤其擅画山水和兰竹。石涛也和朱

耷一样，不局限于模仿某个流派，而是广泛撷取历代名家之长，从大自然中吸取创作的源泉。石涛笔下的山水、花鸟、人物、兰竹等，都不拘于成法，有自己的独到之处。

石涛的绘画生涯可以分为四个时期。

《 画风形成初期 》

青年时期的石涛居住在湖北武昌，这个时期的石涛学画有成，形成自己独特的画风。清朝初年，整个画坛都模仿董其昌的绘画风格，非常僵化，只有石涛提出了"师法自然"的绘画思想。

《山水人物花卉册》是石涛的重要作品。画册中有这样一幅画：临山的浩渺江水中，有一叶扁舟正随波荡漾，舟中端坐一人，正在捧读《离骚》。图画的下方是作者的题诗："落木寒生秋气高，荡波小艇读《离骚》。夜深还向山中去，孤鹤辽天响松涛。"

从这部《山水人物花卉册》中可以看出，石涛在山水、人物、书法和诗文等方面有很高的造诣。

《 撷取众长时期 》

第二个时期是石涛绘画艺术生涯中撷取众名家之长的时期。石涛应黄山画派大画家梅清的邀请移居到了皖南，结识了许多黄山画派的朋友。

梅清比石涛大18岁，两人是忘年交。梅清画了一辈子黄山风景，最擅长用画笔表现黄山的空灵神韵。尽管石涛和梅清在气质上差别很大，却汲取了梅清的艺术精华。这个时期石涛创作的《渊明诗意图》《独峰石桥图轴》，都带有安徽"黄山画派"的风格。

这个时期，石涛由于撷取众名家之长，绘画技法和艺术境界已渐入佳境。

《 艺术升华时期 》

第三个时期是石涛绘画艺术的升华时期。这段时间，石涛经常往来于南京和扬州之间。他在文人荟萃的南京居住，如鱼得水，与当地的诗人、画家结成好友，其中著名的有石溪、龚贤、查士标、戴本孝及《桃花扇》的作者孔尚任等名士。

这些人当中有好几位是古画的收藏家和鉴赏家，他们收藏了大量前代名人的绘画作品，这使得石涛有机会观摩到历代名人的画作，从董源、巨然、倪瓒和沈周等人的绘画作品中吸取了丰富的绘画艺术精华。

上海博物馆收藏的《山水清音图轴》《秋声赋图卷》《荒城怀古图轴》等作品，都是石涛在这个时期画的不同风格的绘画作品。

其中，《山水清音图轴》最具特色。这幅画虽然隐隐带有梅清灵秀的风格和润泽的墨韵，但是，已经形成作者自己独特的艺术风格了。

这幅画截取了崇山峻岭的一段，画面上茸茸低伏的山草、苍劲挺拔的虬松和浓密茂盛的竹林，展现了大自然的无限生机与壮美。那若隐若现的石阶，飞流下泻的清泉，更为画面增添了一份回环流转的律动与空灵，让观赏者完全置身于幽美静谧的绝佳景色之中。

《 炉火纯青时期 》

石涛51岁时回到扬州定居，这个时期，他的绘画艺术已经达到了炉火纯青的程度。代表作品有《余杭看山图卷》《卓然庐图轴》《溪南八景图册》等，件件都是精品，是石涛绘画作品中最出类拔萃的佳作。

石涛的山水画构图新奇、场面宏阔，景物突出、变幻无穷。无论画黄山云雾还是画江南美景，无论画悬崖峭壁还是画枯树寒鸦，都布局新奇、意境翻新。

石涛认为画家必须向大自然撷取意境，主张"搜尽奇峰打草稿"。为此，他饱览了江南的名山大川，逐渐形成了自己苍郁恣肆的独特艺术风格。

石涛是中国绘画史上屈指可数的绘画大师，他的绘画作品对清代乃至现代中国绘画都产生了深远的影响。正是石涛的绘画理论和他那枝画笔开创了扬州画派，孕育出了著名的"扬州八怪"，他也因此被公认为清代300年间"画坛第一人"。

江上清竹郑板桥

扬州画派是清代中期扬州地区一大批风格相近的书画家的总称，扬州八怪是其中的佼佼者。"扬州八怪"的叫法由来已久，通常指的是李方膺、李鱓、金农、罗聘、黄慎、郑燮、高翔、汪士慎八位大画家。

扬州八怪的绘画风格影响了近现代一大批画家，吴昌硕、齐白石、徐悲鸿、黄宾虹、潘天寿等，都与他们有一定的艺术渊源。在"扬州八怪"中，故事最多、影响最大的是郑板桥。

扬州八怪也像徐渭、石涛、八大山人一样不受成法和古法的束缚，注重从大自然中发掘灵感。他们的画，用笔奔放、挥洒自如，打破了清初画坛的僵化局面，给中国传统绘画带来了新的生机。

《愤然辞官》

郑板桥（1693年—1765年），姓郑名燮，字克柔，号板桥，江苏兴化人，清朝书画家、文学家。因为他的"诗文、书法、绘画"都旷世独立、别具特色，被后人誉为"诗、书、画三绝"。

郑板桥44岁考中进士，50岁步入仕途。他先后当过两任县令，61岁那年，在山东潍县（今山东潍坊市城区）因为"为民请赈"蒙冤被参。此时的郑板桥对官场已经感到十分厌恶，毅然称病辞官，从此以卖画为生。

郑板桥在惜别潍县众百姓时画了一幅竹子，并题了一首诗："乌纱掷去不为官，囊橐萧萧两袖寒；写取一枝清瘦竹，秋风江上作渔竿。"

郑板桥画像

有个小故事，最能说明郑板桥辞官后的清苦生活：

郑板桥辞官回家，只有一条黄狗、一盆兰花与之相伴，确实是"一肩明月，两袖清风"。

这天夜里，风雨交加，天气很冷。就在郑板桥辗转反侧时，来了个小偷。他想：如果高声呼喊，万一小偷动手，自己无力对付；可是佯装熟睡，任小偷胡为，又不太甘心。于是，他低声吟了两句诗："细雨蒙蒙夜沉沉，梁上君子进我门。"

小偷听到这两句诗有些惊慌。接着，又听到主人吟道："腹内诗书存千卷，床头金银无半文。"

小偷心想，这么穷的人家不偷也罢，就想转身出门，屋里又传出声音："出门休惊黄尾犬。"小偷心想，既有恶狗，干脆跳墙跑吧。

这时，又听到一句："越墙莫损兰花盆。"小偷低头一看，墙边果然放着一盆兰花，于是，小心地避开花盆越墙而出。这时，屋里传出了最后两句诗："天寒不及披衣送，趁着月黑赶豪门。"

《 画竹明志 》

郑板桥最擅长画竹，经常以竹的坚韧、多节表达自己的道德情操。画卷上，三两枝瘦竹从石缝中生出，坚韧挺拔、狂风不倒，充分展示了郑板桥洒脱、豁达的胸襟，表达了他面对权势绝不屈服的高尚品格。他写过一首著名的咏竹诗《题竹石》："咬定青山不放松，立根原在破岩中。千磨万击还坚劲，任尔东西南北风。"

这首诗点出了竹子生长的环境，描绘了竹子坚韧的品格，也抒发了作者自己内心的境遇。"诗是无形画，画是有形诗"，在他的画作及题诗里，竹子已经人格化了。

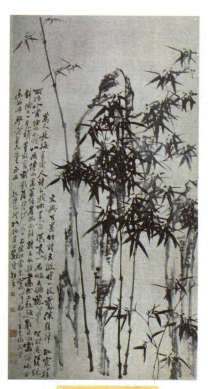

郑板桥墨竹图

传统写竹追求自然形象的真与美、绘画技能的高与低。而郑板桥通过画竹、题诗，赋予竹子深刻内涵和崇高意境，让欣赏者感到无穷的回味……

郑板桥在潍县当知县时，曾经在一幅写竹画上题诗："衙斋卧听萧萧竹，疑是民间疾苦声。些小吾曹州县吏，一枝一叶总关情。"

这时，画中的竹子已经不仅仅是竹子品格的"再现"，他从衙斋萧萧的竹声联想到了百姓的疾苦。

也许，正是因为郑板桥把自己"坚韧挺拔、高雅豪迈"的气韵赋予了笔下的竹子，他的作品才不同于传统的绘画风格，才远远地超越了前人。

《 画石写兰 》

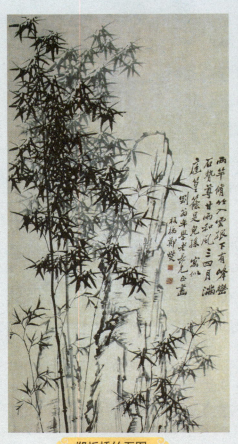

郑板桥竹石图

郑板桥画竹独特，画石也独特。自然界无情的石头在他笔下变成了富有生命的事物。

形状各异的石头是传统绘画中常见的题材，但是，很少有画家把它作为绘画主体。郑板桥却在一幅画中别具一格地画出了孤立的峰石。

这块独石四周皆空，没有任何背景，却具有一种直冲云霄的豪放气概，上面题诗："谁与荒斋伴寂寥，一枝柱石上云霄……"

郑板桥还喜欢画兰花，并借兰花的形象表达自己的内心世界。

郑板桥曾在一幅兰花画卷上题诗："兰花与竹本相关，总在青山绿水间。霜雪不凋春不艳，笑人红紫作客顽。"

郑板桥的兰花虽然只是咫尺画幅，却展示出了画家开阔的胸襟与高雅的意境。

在郑板桥的笔下，竹、兰、石都表现了他坚贞不屈、正直无私的处世之道，也表现了他清高孤傲、远离俗流的高尚品格。

雪中寒梅李方膺

李方膺（1695年—1754年），清代著名画家，字虬仲，号晴江、秋池，通州（今江苏南通）人，名列"扬州八怪"。

李方膺出身官宦之家，先后当过三任县令，后来遭人诬陷被罢官。

雍正八年（1730年），李方膺担任乐安知县，由于遭遇饥荒，他大胆开仓赈济灾民，因此事受到弹劾。雍正十年（1732年），李方膺担任兰山知县，又因为抵制总督王士俊盲目开荒、官员们趁机勒索乡民的恶行，被贪官们投进了监狱。

李方膺出狱离开官场后，寓居在南京借园，自号"借园主人"，经常到扬州卖画，所

李方膺不是扬州人，也没有久住扬州作画，为什么成为"扬州八怪"之一？一方面因为他常往扬州卖画，另一方面因为他的人品和画风都具有典型的"扬州八怪"的风格。

李方膺画像

以与郑燮、李鱓、金农都成了好朋友。李方膺在诗文、书画方面都很有造诣，尤其擅长画梅、兰、竹、菊和松树、游鱼。

李方膺的传世绘画作品有《潇湘风竹图》《游鱼图》《墨梅图》等，他笔下的花草和小动物都活泼可爱、生动传神。

《 李方膺笔下的风竹 》

李方膺跟郑板桥的友谊很深，板桥先生对李方膺的画艺极为佩服。墨竹是郑板桥最拿手的绝技，但是，他在《题李方膺墨竹册》中却认为李方膺画的墨竹最好，甚至超过了宋代画墨竹的圣手苏轼和文同。

李方膺也确实喜欢画竹子，尤其擅长画风竹——风中的竹子。他的《潇湘风竹图》画了一方丑石，几竿湘竹，竹梢弯曲，竹叶向同一方向飘动，显示出狂风大作的情景。

画上题小诗一首：

画史从来不画风，我于难处夺天工。

请看尺幅潇湘竹，满耳丁东万玉空。

李方膺画风竹是有着深刻寓意的，他在另外一幅《风竹图》中是这样题写的：

波涛宦海几飘蓬，种竹关门学画工。

自笑一身浑是胆，挥毫依旧爱狂风。

由于官场黑暗，李方膺最终不得不弃官作画，但他的性格却丝毫没有改变，仍然是"自笑一身浑是胆"。李方膺笔下的风竹画的就是他自己。

《 李方膺笔下的梅花 》

李方膺还擅长画梅，他画梅花的笔法纵横豪放，墨法淋漓酣畅。

他笔下的梅花老干新枝，以瘦硬见称，是当时一绝。

李方膺逝世后，好友郑板桥在《题李方膺画梅长卷》中说："兰竹画，人人所为，不得好。梅花举世所不为，更不得好……晴江李四哥独为于举世不为……故其画梅，为天下先。"在这幅梅花长卷上，郑板桥还题了一首四言诗：

　　梅根啮啮，梅苔烨烨。

　　几瓣冰魂，千秋古雪。

李方膺为官刚正不阿，坚强不屈，然而，在他的性格中也有温情脉脉的一面。由于对贫苦百姓的同情，常常促使他把笔下的狂风转化为温暖和煦的春风。他在《题画梅》这首诗中是这样写的：

　　挥笔落纸墨痕新，几点梅花最可人。

　　愿借天风吹得远，家家门巷尽成春。

李方膺更希望天风把可爱的梅花吹到千家万户，让所有的贫苦百姓都能享受到梅花的清香，感受到春天的温暖。

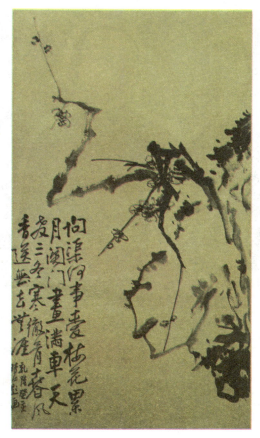

李方膺梅花图

洋务运动开新篇
古典园林映山河
多彩民居显神功
清朝瓷器精绝美
千古奇书留墨香
挥毫泼墨
中华武
启蒙思想开先河
碧血丹心映汗青
中原服饰变换装

千古 奇书留墨香

　　清代文人创作了许多小说，多角度反映了生活的方方面面。上至封建统治阶级，下及社会底层百姓，均在作品中登场。故事情节往往围绕日常生活的场景展开，通过对各个人物的生活遭遇和精神世界的描绘，揭露了当时社会的现象。

　　曹雪芹的《红楼梦》和蒲松龄的《聊斋志异》是清朝出现的两部不朽的文学名著。清朝的很多小说，其思想都具有一定深度。究其原因，一方面作者都秉承着比较严肃的创作态度；另一方面，作品着眼于当时社会，以艺术的表现手法再现了封建社会的生活百态。

中华
文明故事

《红楼》一曲唱神州

文坛素有"开谈不讲《红楼梦》，读尽诗书亦枉然"之说。可见《红楼梦》这部"千古奇书"在中国文坛上占据着非常重要的地位。

《红楼梦》的作者曹雪芹（约1715年—约1763年），名霑，字梦阮，号雪芹，又号芹溪、芹圃，是清代小说家，也是被公认的世界最伟大的文学家之一。

清代作家曹雪芹撰写的文学名著《红楼梦》是一部伟大的现实主义作品，也是一部反对封建专制、反对封建文化的启蒙主义文学作品，在中国文学史上占据着不可替代的重要地位。

曹雪芹作旷古奇书

曹家祖籍为今辽宁省辽阳市。曹雪芹的曾祖母是康熙皇帝的保姆，因此，康熙即位后不久就任命曹玺——曹雪芹的曾祖父担任了江宁织造，曹家也成了"钟鸣鼎食"之家。康熙死后，曹家失去了靠山。雍正五年（1727年），曹雪芹的祖父曹寅被革职抄家，不久曹家就迁回了北京，这一年曹雪芹13岁。

曹家迁回北京，先住在城内，后来又移居西郊。"曹雪芹故居"就坐落在香山脚下的北京植物园中。

《红楼梦》原名《石头记》，是曹雪芹在香山脚下的"悼红轩"中"披阅十载，增删五次"，撰写成的一部伟大的文学作品。

1763年除夕，曹雪芹贫病交集，又痛失爱子，终病逝于家中，年仅49岁。正如脂砚斋在《红楼梦》的批语中所说的那样："壬午除夕，芹为泪尽而逝。"

曹雪芹画像

曹雪芹因为生在官宦人家，历经沧桑巨变，对官场的丑态、人情的冷暖和当时的社会危机都观察得十分细致。再加上他博古通今、才华横溢，因此，下笔如有神助。人生的磨难最终使这位旷世奇才撰写了旷古未有的绝世之作——《红楼梦》。

今天我们看到的通行本《红楼梦》一百二十回，后四十回为高鹗所续。小说以贾宝玉、林黛玉两个典型人物的爱情故事为主线，对当时的社会现实进行了无情的批判，对清纯美丽的女性、诚挚纯真的爱情进行了热情的讴歌。

【 对黑暗社会的揭露 】

曹雪芹在《红楼梦》中，以"贾、史、王、薛"四大家族为清朝专制制度的缩影，深刻揭露了统治阶级巧取豪夺、欺压良善、贪污受贿、草菅人命的累累罪行。

在《红楼梦》第四回中，曹雪芹借应天府的衙役之口，道出了"护官符"的秘密："如今凡做地方官的都有一个私单，上面写的是本省最有权势极富贵的大乡绅名姓，各省皆然；倘若不知，一时触犯了这样的人家，不但官爵，只怕连性命也难保呢！"

这张护官符上开列出书中四大家族：

"贾不假，白玉为堂金作马"——贾家，就是贾宝玉家。

"阿房宫，三百里，住不下金陵一个史"——史家，贾母的娘家。

"东海缺少白玉床，龙王请来金陵王"——王家，王熙凤的娘家。

中华文明故事

"丰年好'大雪'，珍珠如土金如铁"——薛家，薛宝钗娘家。

四大家族是如何欺压百姓的呢？曹雪芹列举了好几件事：

在这部书的第四回中，薛家的公子薛蟠因为"见英莲生得不俗，立意买了作妾，又遇冯家来夺，因恃强喝令豪奴将冯渊打死……人命官司，他却视为儿戏。"

而审案的贾雨村明知薛蟠杀了人，却因为自己与贾家的关系，徇私枉法，竭力维护薛蟠。结果，冯公子白白送了性命。

在这部书的第四十八回中讲述：一个名叫石呆子的贫苦文人，手中有几把祖传的古扇："皆是古人写画真迹。"贾赦很想抢夺这几把古扇。曹雪芹通过平儿之口揭露了石呆子受到的残忍迫害："谁知那贾雨村没天理的听见了，便设了法子，讹他拖欠官银，拿他到衙门里去，说：'所欠官银，变卖家产赔补。'把这扇子抄了来，做了官价，送了来。那石呆子如今不知是死是活。"

连贾赦的儿子贾琏都说："为这点子小事弄得人家倾家败产，也不算什么能为。"

在第十五回中，王熙凤为了得到三千两银子的贿赂，动用长安节度使云光的关系，活活拆散了一个叫金哥的姑娘与长安守备公子的美满婚姻。书中说道："凤姐却安享了三千两，王夫人连一点消息也不知。"

后边有一句话尤其重要："自此，凤

王熙凤画像

姐胆识愈壮，以后所作所为，诸如此类，不可胜数。"贾府这位少奶奶真是作恶多端！

在这部书中，曹雪芹以生动的事例，深刻揭露了黑暗的社会现实。曹雪芹想告诉读者的是：在清朝贵族的专制统治之下，这类官府欺压良善的事情是"不可胜数"的。

《 对八股取士的批判 》

在第五回中，曹雪芹首先借贾宝玉的好恶对"八股取士"进行了嘲讽。

贾宝玉在宁府午睡，看见屋中挂着一幅画——《燃藜图》，心中便有些不快，又看见一副对联，写的是："世事洞明皆学问，人情练达即文章。"贾宝玉看了画和对联，"纵然室宇精美，铺陈华丽，亦断断不肯在这里了，忙说：'快出去！快出去'"。

在第七十三回中，曹雪芹又把自己对"八股取士"的厌恶通过贾宝玉之口彻底阐发了出来，他认定：八股文"原非圣人之制撰"，与孔孟根本无关。而且一针见血地指出，科举考试不过是人们"饵名钓禄"的阶梯，准确击中了八股取士"祸国殃民"的本质。

曹雪芹在《红楼梦》中对宝、黛至死不渝的爱情进行了动人的描写，对他们追求自由幸福的渴望进行了由衷的赞颂。而宝玉和黛玉之间真挚的爱情，其实也与他们

贾宝玉画像

对"仕途经济"的共同看法密切相关。

在曹雪芹的笔下，宝玉和黛玉之间的爱情是具有深刻内涵的，共同的气质和个性使他们结成了动人心魄的"木石前盟"。

贾宝玉天真自然，厌恶官场的黑暗和虚伪，总是试图摆脱封建思想和封建礼教的束缚；林黛玉特立独行、追求个性自由和解放，总是试图远离人世间的俗套。这共同的理想和信念才是他们凄美爱情的真实基础。

双玉读曲

在第三十二回中，当史湘云劝贾宝玉："你就不愿意去考举人进士的，也该常会会这些为官作宦的，谈讲谈讲那些仕途经济，也好将来应酬事务，日后也有个正经朋友……"

这时的贾宝玉大反常态，没了半点对女儿家的温情体谅，居然下了逐客令。曹雪芹在书中是这样描述的："宝玉听了，大觉逆耳，便道：'姑娘请别的屋里坐坐吧，我这里仔细腌臜了你这知经济的人！'"

当袭人对史湘云解释说："姑娘快别说他。上回也是宝姑娘说过一回，他也不管人脸上过不去，'咳'了一声，拿起脚来就走了……幸而是宝姑娘，那要是林姑娘，不知又闹的怎么样，哭的怎么样呢！"

宝玉接下来的话，一语道出了"木石前盟"内在的奥秘：林姑娘从来没说过这些混账话，要是她也说过这些混账话，宝玉早和她生分了。这才是宝玉和黛玉真诚相爱，结成"木石前盟"的内在原因。

19世纪空想社会主义者傅立叶有一句名言："在任何社会中，妇女解放的程度是衡量普遍解放的天然尺度。"

在中国封建的专制制度下，妇女没有任何社会地位，然而，在曹雪芹的《红楼梦》中，却完全突破了时代的局限，对女性的赞美达到了一定的高度。

在这部书的第二回中，曹雪芹先借宝玉之口对女性进行了赞美：

"女儿是水作的骨肉，男子是泥作的骨肉，我见了女儿便清爽，见了男子便觉浊臭逼人！"并说："这'女儿'两个字，极尊贵极清静的，比那瑞兽珍禽、奇花异草更觉稀罕珍贵呢！你们这浊口臭舌，万不可唐突了这两个字，要紧，要紧。但凡要说的时节，必先用清水香茶漱了口方可……"

对女性如此的赞美，除《红楼梦》之外，在中国五千年来所有的典籍中都是很难找到的。

曹雪芹在书中描写了多位优秀的女性形象，不仅塑造了天生

林黛玉画像

中华文明故事

068

丽质、不染俗尘的林黛玉，还塑造了性情刚烈的晴雯，临难不惧的司棋和不畏强暴的鸳鸯。

在第四十六回中，曹雪芹对鸳鸯纯洁的心灵和坚贞的意志进行了由衷的褒扬。

当贾府大老爷贾赦垂涎鸳鸯的美貌，想娶鸳鸯当妾的时候，鸳鸯对平儿是这样表白的："这话我先放在你心里，且别和二奶奶说：别说大老爷要我当小老婆，就是太太这会子死了，他三媒六证的娶我去作大老婆，我也不能去！"一个不畏惧强权、不贪图享乐、意志坚强的小丫鬟的形象跃然纸上。

《 对美好爱情的歌颂 》

曹雪芹撰写的整部《红楼梦》，都是以贾宝玉和林黛玉凄美的爱情悲剧为核心展开的，尽管前八十回还没有写到"木石前盟"的结局，但是，在许多章节中都有对青年男女之间美丽、纯洁的爱情的描述。

在这部书的第六十六回中，曹雪芹用悲壮的笔调描述了尤三姐对美好爱情的向往和以死殉情的刚烈性格。

尤三姐得知未婚夫柳湘莲误听谎言，想要悔婚的时候："便知他在贾府中听了什么话来，把自己也当作淫奔无耻之流，不屑为妻……连忙摘下剑来，将一股雌锋隐在肘后，出来便说：'你

尤三姐画像

们也不必出去再议，还你的定礼！'一面泪如雨下，左手将剑并鞘送给湘莲，右手回肘只往项上一横，可怜：揉碎桃花红满地，玉山倾倒现难扶！"这就是曹雪芹笔下的爱情悲剧。

《聊斋志异》真奇书

《聊斋志异》是清朝小说家蒲松龄创作的文言短篇小说集。全书共有将近500篇短篇小说，有的揭露了封建社会统治的黑暗，有的抨击科举制度的腐朽，有的反抗封建礼教的束缚，都具有丰富深刻的思想内容。其中描写爱情主题的作品在全书中数量最多，表现了强烈的反封建礼教的精神。

近年来，文人学子们十分看重对《红楼梦》的研究，相比之下，对《聊斋志异》的关注要少得多。

其实，蒲松龄的《聊斋志异》与曹雪芹的《红楼梦》有异曲同工之妙。蒲松龄借鬼神狐妖的故事，强有力地批判了封建制度，揭露了社会的黑暗，歌颂了纯真的爱情，同时还对八股取士进行了绝妙的嘲讽。

仅从文学角度看，《聊斋志异》似乎比不上《红楼梦》，书中没有那么多典雅的诗句，没有那么多巧妙的灯谜，也没有那么多青春的抑郁。但是，因为《聊斋志异》披着写"鬼狐"的外衣，所以对统治阶级的讽刺挖苦、嬉笑怒骂更加淋漓尽致。

蒲松龄(1640年—1715年)，字留仙，一字剑臣，号柳泉居士，世称"聊斋先生"。蒲松龄是淄川(今山东淄博市淄川区)人，出身耕读之家，自幼聪明好学，很小就考中了秀才，但始终没能考中举人，直到71岁才援例为岁贡生。

蒲松龄终生郁郁不得志，由于科场失意，仕途无望，在家中读几卷诗书，种几亩薄田，靠教几个小童度日。最终，科考无望的蒲松龄把他的满腹才学都用到了写作这部"奇书"——《聊斋志异》上。

蒲松龄画像

《 揭露社会的黑暗 》

蒲松龄借鬼狐故事深刻揭露了清朝专制统治的黑暗，其中《公孙九娘》一篇最具代表性。

蒲松龄在这个故事的开头就点明了真实的历史背景："于七一案，连坐被诛者，栖霞、莱阳两县最多：一日俘数百人，尽戮于演武场中，碧血满地，白骨撑天。"真正是惨无人道。

蒲松龄继续写道"上官慈悲，捐给棺木"，以致济南城中制作棺木的商肆中，所有的材木都为之一空。从栖霞、莱阳两县押到济南处死的人，都葬在了济南的南郊。

故事中的主人公莱阳生，在济南南郊与公孙九娘产生了一段人鬼恋情。公孙九娘和她的父母都是在"于七"一案中含冤而死的。蒲松龄借公孙九娘之口，把清廷对无辜百姓的杀戮深刻地揭示了出来。莱阳生问九娘："此村何名？"九娘回答说："莱霞里，里中多两处新鬼，因以为名。"蒲松龄托公孙九娘之名，留下了两首绝句，表达了对冤魂的无限同情。其中有一首："白杨风雨绕孤坟，谁想阳台更作云。忽启缕金箱里看，血腥犹染旧罗裙。"

蒲松龄对作恶的官府的差役十分痛恨，他在《伍秋月》这个故事中明确提出："我想给朝廷上书，定这样一条法律：'凡杀公役者，比杀普通人减罪三等。'因为这些人全都是该杀的。"

蒲松龄对八股取士的批判比曹雪芹更直接，而且嘲讽多于批判，因此更加诙谐、辛辣，也更加有趣。

《王子安》写的是一个考生等待发榜时，被狐仙戏落的故事。蒲松龄在这个故事中幽默地描画出了考生的"七似"：

刚入考场时，光脚提篮，好似乞丐；点名的时候，官喝吏斥，好似囚犯；进场后，在小号中探头、伸脚，好似秋天的冷蜂；考完试出场时，精神恍惚、天地变色，好似出笼的病鸟；等待揭榜的时候，草木皆惊，好似被绳子拴着的猴儿；揭榜时，没有考中，好似中了毒的苍蝇，怎么弄都没感觉；回家后把书案上的东西全都撕毁，发誓再也不考了，等再过一段时间，气平了好似重新抱窝的斑鸠，又从头开始了。

这段描述非常形象，只有多次参加过科举考试的人才能描述得如此生动贴切。

蒲松龄在《聊斋志异》中，不仅对清政府的黑暗统治进行了有力的抨击，同时也对广大劳动人民充满了同情，并对那些真正为百姓办事的清官进行了热烈的歌颂。

在《王十》这个故事中，蒲松龄描写了一个爱民如子的官员——淄川的县太爷张石年。淄川是蒲松龄的家乡，这位县令张石年是蒲松龄的恩师。这个人物是真实人物，故事也是真实的。

按清朝的法律，贫苦人家为生活所迫贩盐在40斤以下，不算违法。

大盐商们为了买通县官为他们捉拿小盐贩，每年都给县官送"盐资"，逢年过节还要送厚礼。于是，官员们就和大盐商们串通一气，专门欺负贩盐的贫苦百姓。

张石年在淄川当县官，刚上任就给当地的大盐商来了一个下马威：以盐商见了自己不下拜为由，命人拉下去重打，并明确告之："前官受了你们的贿赂，所以你们可以无礼，我自己花钱买盐吃，你们怎么敢和我分庭抗礼！"

还有一次，衙役捉来两个小盐贩，路上跑了一个。这位县太爷就问被捉的小盐贩："你那个伙伴到哪儿去了？"小盐贩说："跑了。"县太爷说："你的腿有病，不能跑吧？"小盐贩说："我腿没病，能跑啊！" 县太爷说："你既然被捉住了，肯定是不能跑，你跑一下让我看看。"小盐贩跑了几步，想停下来。县太爷却说："跑快点！不要停！"于是，这个小盐贩一口气跑出了县衙，逃走了，惹得众人大笑不止。

这就是蒲松龄笔下的清官，写得太生动、太有趣了。

《对杰出女性的歌颂》

蒲松龄在《聊斋志异》中同样塑造了多位闪光的女性。

在《侠女》一文中，蒲松龄塑造了一个武艺高强、誓死报父仇，同时又以身报恩的侠女。

在《商三官》中，蒲松龄塑造了一个普通百姓家的姑娘——商三

《聊斋志异》之《侠女》

073

官，父亲被豪强杀死，兄长投告无门，三官女扮男装亲手杀死仇人。

在《连成》中，蒲松龄歌颂了青年男女之间纯洁美丽的爱情，这对恋人同普遍存在的贪图享乐、追求金钱的婚姻关系相比，真正是一曲清纯、美丽，没有半点铜臭气的爱情的赞歌。

在《聊斋志异》这部书中，蒲松龄成功地塑造了庚娘、红玉、聂小倩、娇娜、婴宁、香玉、公孙九娘等几十个女性形象。她们之中有的是花妖，有的是狐仙，有的是普通民女，也有的是官宦人家的姑娘。她们或侠肝义胆，或热情奔放，或忠贞不贰，或救困扶危……

蒲松龄在《聊斋志异》中，对封建专制制度下，中华民族的优秀女性和美丽纯洁的爱情进行了衷心的赞颂。

《聊斋志异》之《连成》

中华文明故事

洋务运动开新篇
古典园林映山河
多彩民居显神韵
清朝瓷器精
千古奇书留
挥毫泼墨文
中华武侠传绝艺
启蒙思想开失河
碧血丹心照汗青
中原服饰变摩装

清朝 瓷器精绝美

明朝末年连年战争，使景德镇的制瓷业受到了严重的破坏，导致窑场凋零、工匠四散。

清朝贵族对奢侈、豪华的享乐生活的追求，又成就了景德镇瓷器烧制技术的新发展。清顺治十年，战乱结束后，景德镇的各窑场开始逐步恢复生产，到"康乾盛世"时，把景德镇的制瓷业再次推向了辉煌。

康熙、雍正、乾隆三位皇帝都非常喜爱瓷器。皇帝的爱好、上千年的制瓷工艺、景德镇的天然优质原料，再加上宫廷督陶官的管理，使享誉天下的景德镇瓷器再次掀开了中国陶瓷史灿烂辉煌的一页。

康熙年间的青花、五彩、郎窑红，雍正年间的青花、粉彩和斗彩，以及乾隆年间的仿古斗彩、珐琅彩等，都是景德镇瓷器中的绝品。

康熙青花美绝伦

康熙年间，为了满足宫中的需要，朝廷委派内务府的官员到景德镇的瓷窑驻场督造，开创了以督窑官的姓氏作为官窑瓷器名称的先例。清代，著名的"臧窑"和"郎窑"瓷器都是这样命名的。

康熙年间，朝廷派大臣郎廷极担任江西巡抚，并兼管景德镇窑务，所以这个时期的官窑也称"郎窑"。

郎廷极在任职期间，大力推进制瓷技术的革新，除了传统的青花瓷，还出现了豇豆红、郎窑红、胭脂红、瓜皮绿、孔雀蓝、祭红、洒蓝和金银釉等许多新品种。而康熙青花瓷更是以"胎釉精细、青花鲜艳、造型古朴"享誉海内外。

《康熙青花瓷》

康熙青花瓷的胎体十分厚重，同样大小的瓷器，康熙年间制作的要比清朝其他时期的分量重。早期的康熙青花使用浙料，呈灰蓝色；中期的康熙青花使用云南省的"珠明料"，呈鲜蓝青翠色，十分明净艳丽；晚期的康熙青花，则趋于淡雅。因此，康熙青花瓷有"头浓、正浓、二浓、正淡、影淡"五个层次的色阶，各有特色，都十分精美。这也是康熙青花瓷备受世人推崇的原因。

康熙青花瓷的绘画技法别具特色，改变了明朝青花瓷先勾勒花纹轮廓线，然后涂色的传统方法，新工艺是采用渲染的技法在瓷坯上绘画，让同一种颜色能表现出浓浓、深浅不同的色彩，因此精美异常。

康熙青花的图案题材也十分丰富，有植物、山水、动物、人物、故事以及长篇诗句等，常见的有鸳鸯卧莲、鹭鸶莲花、童子戏莲、花鸟蕉叶、喜鹊登梅、雉鸡牡丹、松石鹤鹿及西游记故事等。

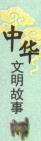

中华文明故事

《青花瓷欣赏》

在各类图案中，最能体现康熙青花瓷特色的是山水人物图案。这类图案以耕织图、渔家乐最具代表性，极富生活情趣。在风格上，模仿名家的笔法，立体感很强，画法精细、层次鲜明、浓淡相宜，画面讲究意境美，给人以独特的疏朗清雅之感。

以长篇诗文作装饰，也是康熙青花瓷的一大特点。这些诗文大多书写在笔筒上，《赤壁赋》《滕王阁序》等都很常见。其中，以故宫收藏的《圣主得贤臣颂》康熙青花瓷笔筒制作最为精美。

康熙青花瓷造型千姿百态，既有仿古，又有创新；既有陈设用瓷，也有生活用瓷。通常，这个时期的大型器物多数是民窑烧制的，尽管体型比较大，但是粗犷挺拔，风格豪放，不过并没有笨拙感。官窑主要烧制中、小型的器物，而且最富有独创性，非常精美，品种主

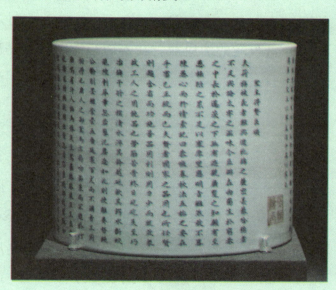

故宫藏康熙青花瓷笔筒

要有盘、碗、碟、杯、瓶、尊、壶、罐，以及香熏、笔筒等物。

瓶类：瓶类在康熙青花瓷中造型最丰富、最精美，大多用于陈设和观赏。有梅瓶、长颈瓶、棒槌瓶、天球瓶、玉壶春瓶和扁腹葫芦瓶等。

花觚类：器型较大，大多是民窑产品。高度在45厘米左右，分量适中。早期器型简单，通常呈筒形，平底内凹。中期形体开始发生变化，

口足外撇，且鼓腹。大多数花觚的口径大于足径。

尊类：尊是从花觚演变出来的，线条优美，舒展流畅，是康熙官窑的创新样式，通常有青花和青花釉里红两个品种。凤尾尊在康熙时期最流行，因为这种器皿的口、足外撇，形似凤尾，所以被称为凤尾尊。

青花凤尾尊大多是康熙中、晚期的产品，很少有款。现在故宫收藏的清康熙青花雉鸡牡丹纹凤尾尊是保存至今最珍贵、最精美的青花瓷器。

花盆类：花盆是养花的器皿，形体比较大，胎体坚硬，沉稳敦厚，常见的有圆筒形、椭圆形、海棠形、四方形和六方形等多种。

故宫收藏的清康熙青花寿山福海图花盆是康熙年间最精美的宫廷花盆。

雍正粉彩独称尊

雍正年间，景德镇的瓷器达到了清朝瓷器生产的顶峰。其中，雍正粉彩最为精美：胎体选料精细，形体柔和圆润，釉色艳丽典雅，是清代瓷器中最珍贵的品种。

雍正时期，景德镇的瓷器生产达到了清代的最高水平。这个时期的瓷器改变了康熙瓷器的浑厚古拙之风，以轻巧俊秀、典雅精致取胜。

雍正六年（1728年），唐英奉命到景德镇御窑厂督导瓷器生产，取得了更大的成绩。青釉烧制技术达到了历史上的最高水平。这个时期，仿汝、钧、官、哥、定等宋代名窑的制品也非常成功。

雍正时期单色釉瓷器也达到了最高水平，罕见的祭红、祭蓝、粉青瓷器都是在这个时期出现的。唐英还撰写了著名的《陶成纪事》，对景德镇御窑厂的重要制瓷工艺进行了详细总结，列出了50多条创新工艺。

雍正瓷器的外形和线条柔和圆润，胎体选料极精，壁薄体轻，迎光透视时呈半透明状，略显淡青，非常美丽。

在釉下彩瓷器中，雍正时期青花釉里红的制作达到了最高峰，这个时期不仅青花和釉里红在同一件瓷器中烧成，而且两种色泽都非常鲜艳，这在以前从来没有出现过。

雍正青花釉里红

《 雍正粉彩 》

尽管雍正年间景德镇御窑烧制的瓷器釉色多样、品种丰富，但是至今收藏界仍然一致认为其中最珍贵、最精美的是雍正粉彩。

雍正粉彩是清代釉上彩瓷器的一个品种。釉上彩，就是在烧好的素瓷器的釉面上进行彩绘，然后，再入瓷窑经600℃至900℃的温度烘烤而成。粉彩瓷器是清康熙晚期在五彩瓷器基础上发展起来的一种釉上彩瓷器新品种，雍正时期达到了顶峰。

粉彩的工艺流程是先在高温烧成的白瓷上勾画出图案的轮廓，然后再用含砷的玻璃白打底，最后在这层玻璃白上用不同的色彩描绘出美丽的图案。

不透明的玻璃白底色与各种色彩相融合，会产生独特的粉化效果：

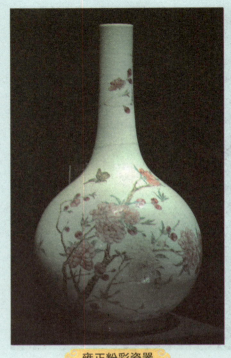
雍正粉彩瓷器

红彩变成了粉红，绿彩变成了淡绿，黄彩变成了浅黄，其他颜色也变成了不透明的浅色调。

画师们通过控制颜料的加入量，可以获得深浅浓淡不同层次的色调，更给人一种粉润柔和之美，所以人们称这种新的釉上彩工艺为"粉彩"。

由于雍正粉彩使用的彩料比康熙彩瓷的用料更加精细，因此色彩也更加柔和，渲染的层次也更多。目前发现的雍正粉彩主要有两类品种：一类是白底粉彩瓷器，一类是绿、黄、紫三彩上再加胭脂红彩。雍正粉彩无论在造型上、胎釉上，还是在彩绘方面，都达到了当时的最高水平，成为釉上彩瓷器的主流。

《 宝瓶重现 》

在晚清风雨飘摇的岁月中，皇家官窑的珍贵瓷器有的葬身于战火，有的散落在民间，有的则流落在海外。雍正年间登峰造极的粉彩官窑器物传世极少，瓶类作品更是极为罕见。

据清代史书记载，景德镇曾经为雍正皇帝专门烧制过极其珍贵的"粉彩橄榄瓶"，但从来没有人亲眼见过。直到2002年以前，粉彩官窑瓷瓶始终是中国陶瓷史上缺失的一环。

2002年5月，在香港苏富比春季拍卖会上，出现了一件雍正年间的官窑粉彩瓷器——雍正粉彩蝠桃纹橄榄瓶，立即引起了轩然大波。

这件雍正粉彩蝠桃纹橄榄瓶高39.5厘米，撇口，长颈，溜肩，鼓腹，圈足。因为形似橄榄，所以也被称为"橄榄瓶"。

经权威专家鉴定，这件粉彩蝠桃纹橄榄瓶正是当年雍正景德镇官窑的作品，代表着整个清代粉彩瓷器制作的最高水平。

这件在异国他乡经历了百年风雨的国宝级雍正粉彩瓷瓶，是怎么重新出现在人们面前的呢？

早在20世纪初，这只粉彩瓷瓶就已经漂洋过海，流落到了海外。因为很容易被损坏，所以近百年来，这只宝瓶能够毫发无损地保存下来，本身就是一个奇迹。

这只粉彩瓷瓶是美国外交理事会现任主席奥格·里德家族收藏的。据说多年以来，这件珍品一直在他母亲的客厅里当灯座使用，根本没有人知道它的真实价值。后来，这家人打算出售祖上留下来的一批古董，拍卖行的专家们从这些古董中发现了这个沾满尘埃的稀世珍宝。

对于粉彩瓷瓶的来历，里德已经无法说清了。他只知道大约在1920年这只花瓶已经归属于他家。当时，里德的祖父母居住在英国，同中国人交往密切，这只花瓶是他的祖母从英国带回来的。

有人推测，这件罕见的稀世珍品有可能是当年八国联军从中国抢走的宫中文物；也有人认为，这件国宝级粉彩瓷瓶，可能是战乱期间从清宫藏品中流失出来的皇家贡品。

雍正粉彩蝠桃纹橄榄瓶造型非常匀称，瓶身各部分的线条都十分优美，长短适度，瓶口、瓶颈及腹部的比例都恰到好处，确实代表了清代粉彩瓷器的最高制作水平。

雍正粉彩蝠桃纹橄榄瓶的瓶体上绘有粉彩绘制的八桃二蝠，"蝠"与"福"谐音，而"仙桃"象征的正是"仙寿"，因此"蝠桃"象征的正是"福寿"。

雍正官窑粉彩的纹饰大多数是团花、团蝶、八桃、蝙蝠，以及花卉、水仙、灵芝等。其中，八桃、蝙蝠图案大都画在瓷盘上，很少有画在瓷瓶上的。这件粉彩蝠桃图案的橄榄瓶在世界上可能仅此一件，是真正的"绝世宝瓶"。

在2002年的这次拍卖会上，经过几轮激烈的竞价，最终，中国的张永珍女士以4150万港币的高价拍得了这件雍正粉彩蝠桃纹橄榄瓶，刷新了清代瓷器拍卖的最高纪录。

张永珍女士与清雍正粉彩蝠桃纹橄榄瓶结缘十分偶然。当时，她正在去往香港的飞机上，无聊之际看到了这条拍卖雍正粉彩瓷瓶的消息。这件瓷器华贵的造型和优美的线条，让她一眼就看上了。

张永珍女士拍下宝瓶，让它在漂泊了百年之后重新回到了中国人手中。为了让国宝不再漂流，也为了让更多的人看到这美丽的雍正粉彩瓷瓶，回国后，张永珍女士就将这件绝世宝瓶慷慨地捐赠给了上海博物馆。

在上海博物馆雍正粉彩蝠桃纹橄榄瓶捐赠仪式上，张永珍女士满怀深情地说："这件瓷瓶是中国的。当时在拍卖现场，我就下决心一定要把它买下来，不能再让它流出去了。"

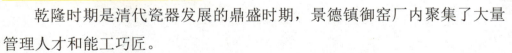

乾隆瓷器显奢华

乾隆时期是清代瓷器发展的鼎盛时期，景德镇御窑厂内聚集了大量管理人才和能工巧匠。

这个时期烧制的瓷器，从技术上讲精工细作、不惜工本，在艺术风格上更显烦琐奢华，堆砌严重，与康熙、雍正两朝相比，已经出现了衰退的迹象，是清代制瓷业的一个重要转折点。

《 奢华的瓷器 》

乾隆年间的瓷器，一方面保留了古代瓷器制作的精华，另一方面吸收了西方的艺术特色。

这个时期的瓷器外观造型非常丰富，制作工艺也非常精致，而且出现了许多主要用于赏玩的瓷器。

乾隆时期，粉彩瓷器已经取代了五彩瓷器，尽管产品的质量比之前稍有差距，但是瓷器的花色品种却十分丰富。

乾隆年间的粉彩瓷器经常采用镂空和堆塑等手段进行装饰，有时候还用"轧道""开光""剔刻"等特殊工艺精雕细琢，这样烧制出来的瓷器不仅精美，而且别具特色。其中，以珐琅彩瓷工艺制成的瓷器最为有名，也最珍贵。

乾隆时期的瓷器虽然"浑厚不及康熙，秀美不如雍正"，但是也有自己独特的艺术风格，以精美、奢华见长，在器物的造型、釉色的艳丽、图案的精美方面都超越了前期。

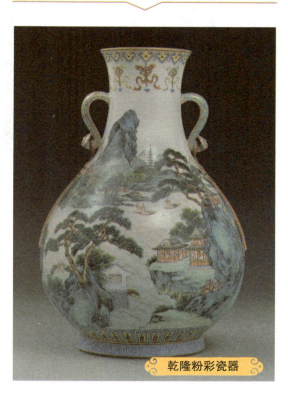

乾隆粉彩瓷器

《 珐琅彩瓷器 》

珐琅彩瓷工艺也称"古月轩"，是以乾隆宫中的"古月轩"作坊命名的。邓友梅先生的小说《烟壶》，描述的就是从清宫中出来的"古月轩"高手匠人在晚清时期的生活境遇。

乾隆珐琅彩瓷器

"古月轩"——珐琅彩瓷工艺是从国外传入的技法，正式名称是"瓷胎画珐琅"，专门为清朝宫廷特制精细彩绘瓷器。

据清宫造办处档案记载，这种瓷器本来是在康熙皇帝授意之下，由造办处的珐琅匠人将铜胎画珐琅的技法成功地移植到瓷胎上创制出来的。

珐琅彩瓷器创烧于康熙晚期，在乾隆年间达到鼎盛，是宫廷垄断的瓷器珍品。制作珐琅彩瓷的白瓷胎由景德镇御窑厂特制，运到北京后，在清宫造办处彩绘、彩烧。瓷器上的图案先由造办处拟稿，再经过皇帝钦定后，才由宫廷画家按样子画到瓷器上。在晚清时期虽然仍有少量烧制，但烧造场所已经不在清宫中，移到了景德镇。

杏柳春燕蒜头瓶

在台北故宫博物院收藏着清乾隆时期的珐琅彩杏柳春燕图蒜头瓶。

这是一件十分珍贵的宫廷御用瓷器，高17.5厘米，口径2.5厘米。瓶口作蒜头式，长颈、圆腹、圈足，瓶体轻盈秀美，图案引人入胜。

瓷瓶图案为珐琅彩绘杏柳春燕图，画面设色明净，画工相当精美。画面上有柳树、杏花、禽鸟、竹石。柳枝翠绿柔韧，杏花红艳繁密；一对长尾喜鹊在柳枝上互相鸣唱，两只白头翁栖息在杏树枝头；下部绘有精美的竹石，一派春意盎然的景色。

瓶身空白处还配有墨彩诗句，诗句前后有"佳丽""翠辅"和"霞映"等三方红彩图章。瓶底的双线方框内用蓝料书写有"乾隆年制"四字题款。

【 花石锦鸡双耳瓶 】

2005年10月23日，在苏富比秋季单件专品拍卖会上，出现了一件比珐琅彩杏柳春燕图蒜头瓶还要珍贵的绝世珍宝——清乾隆皇帝御制的"乾隆御制珐琅彩题诗花石锦鸡图双耳瓶"。

这件瓷瓶是乾隆时期珐琅彩瓷的代表作，也是乾隆皇帝的赏玩之物。瓷瓶高16.5厘米，撇口，细颈，垂腹，圈足，颈部饰以卷草形双耳，垂肩处有婉丽雅致的如意纹。瓶身腹部绘有主题图案"花石锦鸡图"，造型小巧秀丽，精美异常。

瓶身主题图案是"花石锦鸡"。锦鸡又名金鸡，是我国独有的珍禽，也是雉类中最漂亮的品种。瓶身正面绘有锦鸡栖立树上，旁边以美丽的花卉、玲珑洞石相陪衬，寓意"锦上添花"。

瓶身背面空白处有乾隆墨彩题诗："新枝含浅绿，晓萼散轻红。"还有"佳丽"和"翠辅"两方印鉴。瓷瓶的图案布局匀称，淡雅细腻，色彩丰富，明快艳丽，堪称绝世佳作。

据考证，这只瓷瓶是从景德镇官窑中精选出洁白细腻的花瓶瓷胎，然后送到宫中，由御用画匠在瓷胎上进行珐琅彩绘，最后，在乾隆皇帝的亲自参与下烧制出来。

这件瓷器瓷胎精亮，花石锦鸡色彩绚丽，构图及风格颇具在清廷供职的意大利画家郎世宁的画风。可以说，这件珐琅彩瓷器的绘画、花饰、诗句和题款都是独一无二的。

在这次单件专品拍卖会上，这件清代"乾隆御制珐琅彩题诗花石锦鸡图双耳瓶"以8500万港元起拍，在当时是亚洲瓷器起拍的最高价。

拍卖会上，各方竞争者从8500万港元开始，将价格抬到1.02亿港币，最后香港古董商翟建民先生以1.1548亿港元买回了这件瓷瓶，从而使多年流寓海外的"乾隆御制珐琅彩题诗花石锦鸡图双耳瓶"重新回到了国人的手中。

《 斗彩鸡缸杯 》

清乾隆时期的仿古瓷器也制作得十分精美，最著名的是景德镇窑烧制的仿成化斗彩鸡缸杯。

这只清乾隆景德镇窑斗彩鸡缸杯高7厘米，口径7.9厘米，底径4厘米。敞口，深腹，卧足。杯底上是篆书题款："清朝乾隆仿古"。

这只斗彩鸡缸杯的图案非常精美，绘的是一小男童在山石牡丹花丛中与群鸡玩耍的情景。画面上的小童体态生动、形象，雄鸡引吭站立，雌鸡与四只小鸡正在觅食嬉戏。整个画面人物鲜活、群鸡灵动、山石清秀、花卉艳丽，并刻有朱色乾隆题款。整件器物非常精美。

清代乾隆年间仿制的斗彩鸡缸杯造型精巧、艳丽秀雅、釉色明亮，和明成化年间的斗彩鸡缸杯原物相比毫不逊色。

洋务运动开新篇
古典园林映山河
清朝瓷器精绝美
千古奇书留墨香
挥毫泼墨文人画
中华武林侠绝伦
启蒙思想开先河
碧血丹心照汗青
中原服饰变靓装

多彩 民居显神韵

　　中华大地民族众多，幅员广阔，由于各个地区的自然环境不同，生活习惯不同，所以，各地的民居也异彩纷呈，风格迥异。明清之际，经历了数千年之久的历史衍替，不同地区的民居展现出了千姿百态、特色鲜明的建筑风格。

　　在中国各地的民居中，最具地方特色和民族特色的是福建的客家土楼、云南的傣族竹楼、黄土高原上的窑洞、大草原上的蒙古包和川西的藏族碉楼，以及北京、山西、安徽等地各具特色的中原民居。

北京四合院

清朝定都北京，继承了明朝北京城的建筑风格，四合院的发展也达到了全盛时期。"天棚、鱼缸、石榴树"，是清朝北京四合院最普遍的家居特色。

老北京的四合院历史悠久，早在元朝刘秉忠修建元大都的时候，四合院民居就与京城的皇宫、衙署、园林、坊巷和众多的胡同同时出现了。

明朝，北京的民居继承了元代四合院的形式。明朝建立不久，把都城从南京迁到北京，因而官员和富户也随着迁到了北京，于是，北京的四合院有了进一步的发展。

《 四合院的规格 》

北京四合院的东、西、南、北四个方向的房屋各自独立，连接这些房屋的只是转角处的游廊。院中所有的房屋都只有一层，没有楼房。从空中鸟瞰，北京的四合院就像是四个小盒子围成的一个院落。

老北京的四合院

中华文明故事

四合院虽然大同小异，但规模却相差很大，分为大、中、小三种。中型和小型的四合院是普通居民的住宅，大四合院都是贵族、官员、地主、富商的府邸。

小四合院一般有北房三间，一明两暗或者两明一暗。东、西厢房各两间，南房三间。院中可以居住一家三辈，祖辈居正房，晚辈居厢房，南房作书房或客厅。院内铺设青砖甬道连接各处房门，房屋门前都有青石台阶。

中等规模的四合院更加宽敞，一般有北房五间，一般由三间正房和两间耳房组成，东、西厢房各三间，南房三至五间。

老北京人称大四合院为"大宅门"，通常占地面积很大，由多个四合院向纵深相连而成。最多的有三进院子，有的还有偏院、跨院、书房院等。院内均有抄手游廊连接各处。两进院子之间以月亮门或垂花门相通。

《 四合院的特色 》

北京四合院中的房屋大都是四梁八柱、青砖灰瓦，是典型的砖木结合的混合型建筑，结构牢，重量轻，有一定的防震功能，房子结构合理，色调灰青，非常舒适、典雅。

四合院进门处都有一个影壁，也叫照壁，起阻挡视线的作用，免得让外人一进门就把整个院子看个通透。照壁上雕饰着各种图案，有用蝙蝠和寿字组成的"福寿双全"，有插月季的花瓶寓意"四季平安"，还有"福禄寿喜""玉棠平安""岁寒三友"等，展示着人们对美好生活的向往。

北京城正规的四合院都是坐北朝南，大门开在宅院东南角的"巽"位。四合院的中间是庭院，院落宽敞，是整个院落的中心，同时也是人

四合院的影壁

们活动、采光、通风、纳凉、休息的场所。

北京的夏天很热，庭院中都种着许多花木。常见的花有丁香、海棠、迎春、榆叶梅、山桃花等，树大多数是枣树、香椿、槐树，盆栽花木最常见的是石榴和夹竹桃等。其中，石榴树最普遍，主要是取石榴"多子"之意。

老北京人还有在四合院中搭天棚的习惯，天棚下放着养金鱼的大荷花缸，主要是取"连年有余"之意。

中原其他地区的院落，比如山东、山西、河南、河北、安徽、陕西、四川等省的院落都与北京的四合院相似。所不同的是，北京四合院是一个正方形，其他地区的四合院就不一定了，山西、陕西一带的四合院通常是一个南北长、东西短的长方形；四川的四合院则是东西长、南北短的长方形；安徽民居通常是多进院落，并建有二层小楼。

安徽古民居

在明清时期的古民居中，以安徽的民居最具特色，尤其徽商的宅院，大都由多进院子组成，院落中有水池，堂前屋后种植着花草盆景，各处梁柱和栏板都雕刻着精美的图案。

安徽古民居在中国传统民居中最美丽、最精致、最典雅。其中，最具特色的是徽商的宅院。优雅的小楼和深深的庭院，宛如一个个艺术宝库。

《 两层楼 》

安徽民居通常是两层，上层通廊环绕，装饰着镂雕精细的木栏杆和隔扇，书房和闺房都在楼上。主人读书、女孩儿刺绣都有安静的环境，可以不受别人的干扰，在疲倦或孤独苦闷的时候还可以凭窗远眺，欣赏美丽的自然景色。

安徽民居

安徽民居的院内都有天井。前庭楼下的明间大多是堂屋，左右厢房是卧室。堂屋不用隔扇，是开敞式的，通常用作客厅。厢房的开间虽然不大，但是进深很浅，采光性能非常好，通常作为卧室。

《 屋套屋 》

徽商的宅院很深，每一进院子的结构相差不大，都是由天井、堂屋和厢房三部分组成的。一进套着一进，形成"屋套屋"。

《 朝北居 》

我国地处北半球，为了采光好，大多数住宅都是坐北朝南，只有徽商的宅院坐南朝北。原来，当地很早就有"商家门不朝南，征家门不向北"的说法。明清时期，徽商鼎盛，他们一发了财就回乡建院子，为了图吉利，全都取北向。所以，至今徽商古民居大都是坐南朝北。

《 雕刻多 》

安徽民居中的雕刻

安徽古民居还有一个重要特色——雕刻工艺非常多。在水乡古镇西递，院落内的墙面、厅柱、门廊和栏杆都有精美的雕刻，分为砖雕、石雕和木雕三类，被称为西递三绝。雕刻的图案大多是动物、植物、人物和花鸟，十分考究。

安徽古民居那优雅的小楼，深深的庭院，就像一个个

中华
文明故事

小小的艺术世界。中外建筑学家们都称赞安徽民居是"古民居建筑艺术的宝库"。

山西古民居

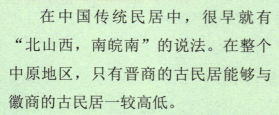

在中国传统民居中，很早就有"北山西，南皖南"的说法。在整个中原地区，只有晋商的古民居能够与徽商的古民居一较高低。

在山西民居中，最讲究、最华丽的就要数汾河两岸的民居了。明清时期，从晋中的太谷往南，经祁县、平遥直到晋南的平阳府，住宅都非常讲究，是典型的山西民居。

在中国的传统民居中，只有山西商人居住的古民居能够与安徽古民居相媲美。山西古民居虽然不如徽商的院落精致、典雅，但是却以建筑规模宏大、文化底蕴深厚享誉海内外。

山西在明、清两代经济发达、民众富庶，城乡民居差别不大。农村中的富裕人家的住宅同样十分讲究，丝毫不比州府、县城差。

《 建筑特色 》

山西民居通常也是三合、四合院，讲究的人家也有三进或多进院落，中间由月亮门、屏门或垂花门分开，规模相当大。山西民居中的四合院与北京的四合院相比，有三点差别：

第一，北京的四合院是正方形，而山西民居东西厢房的位置在北房的宽度以内，这样一来，院子就成了南北长、东西窄的长方形。

第二，北京的四合院大都只有一层，而明清时期晋商的宅院正房都和徽商一样是两层，楼上通常用作女孩子的"闺房"，也称为"绣楼"。

第三，为了安全起见，山西古民居正房后面，大都筑成城楼式的箭垛，十分高大坚固，整个院落从后面看上去像一座雄伟的堡垒。

明、清两代晋商兴建的住宅，占地面积之大，房屋建筑之多，楼阁别院之复杂，材料工艺之考究，至今仍然令人震惊。从晋中的太谷往南，在汾水两岸至今仍然可以看到一些保存下来的古老民居，背山临水，高阔雄伟，从中可以领略当年晋商的辉煌。

〖 宅院考究 〗

晋商的宅院样式非常考究，做工极其精美，有的宅院石造的外墙雄厚，成群的房屋规模宏大；有的大院依山势起伏而建，院中的楼房在山崖上高高矗立，形成"百尺楼"，雄伟壮观的奇景成为三晋一绝。

山西古民居在建造风格上同安徽古民居很相似，也是画栋雕梁，做工精美。

山西民居砖雕

山西古民居中，砖雕、石雕、木雕都十分常见，雕刻工艺精美、图案寓意吉祥。其中，以晋中一带的王家大院、渠家大院、乔家大院最为有名。目前，这些大院都已经开发成了全国著名旅游景区。

黄土高原的窑洞

黄土高原上的窑洞是中国最古老的民居。这种"穴居式"民居的历史可以追溯到4000多年以前。

【 广泛分布 】

在中华大地上，从新疆到甘肃，从宁夏到陕西，从山西到河南，都有人居住在窑洞中。

据学者统计，中国的窑居人数曾经多达一亿以上。今天，虽然大多数人都住进了楼房，但是许多人仍然怀念昔日的窑洞。

黄土高原上的窑洞是中国传统民居中最古老、最经济、最环保的民居。早在距今4000多年前的夏商时期，我们的先民就凿洞而居，创造了冬暖夏凉的"绿色建筑"——窑洞式民居。

【 坚固耐用 】

窑洞非常坚固、耐用。黄土高原上有数百年甚至上千年的土窑洞，至今仍然完好无损。

黄土高原土窑洞

普通的民房只要多年不住人，很快就会自然损毁。而窑洞是大自然的一部分，本身是有生命力的，不住人也仍然能保存完好。在晋陕一带，民间普遍流传着这样的说法："只有百年不漏的窑洞，没有百年不漏的房屋。"

〖 环保科学 〗

传统的窑洞外观上是圆拱形，地面仍然是方方正正的，生动地体现了中国古代哲学中"天圆地方"的理念。窑洞最大的特点是冬暖夏凉，住过窑洞的人们都知道，"土打的窑洞丈二宽，夏天凉来冬天暖"，居住舒适，而且环保节能，深刻体现了人与自然的和谐。

尽管窑洞规格相差很大，深浅不一，但是将近一丈（约3.3米）的高度远高于现代楼房的层高（现在楼房层高一般只有2.8米）。冬天的阳光很容易照射到窑洞深处，能够充分利用太阳的光能。

窑洞宽敞的空间

窑洞的断面是拱形的，更加高了内部的竖向空间，给人一种宽敞、舒适的感觉，许多搬进楼房的人仍然怀念着昔日居住的窑洞。

草原上的蒙古包

在中国传统民居中，最具特色的就是北方大草原上的蒙古包。"草原夜色美，九天明月总相随。晚风吹送天河的星啊，送入毡房闪银辉。"蒙古族歌唱家德德玛悠扬歌声中的"毡房"，就是大草原上美丽的蒙古包。

蒙古包像一个个白色的小蘑菇，散布在绿色的大草原上，美丽极了。蒙古包在古代称为"穹庐"，也称毡帐、毡房、帐幕、毡包等，是游牧民族为了适应游牧生活而建造的"活动房"。

北方大草原上的蒙古包是世界上最美丽、最方便、最防震抗震的住宅。蒙古包有着悠久的历史，从公元前2000多年的匈奴时代起就已经存在了，是我国游牧民族最重要的发明创造。

蒙古包

《 最方便的迁徙 》

蒙古民族是游牧部族，总是赶着他们的羊群和牛马，驾着勒勒车在大草原上寻找新的牧场。这时候，蒙古包就被拆下来，放在勒勒车上，人们走到哪儿，就在那里重新搭建起来。

蒙古包易于拆装，对游牧民族来说非常方便。蒙古包的架设很简单，四周侧壁是用条木编成的，可以分成数块，每块高约160厘米，长约230厘米。把它们连接在一起，围成圆形，再盖上伞状的圆顶、牛皮和毛毡，最后用绳索固定住。这样，一座蒙古包就搭好了。

《 宽敞结实的民居 》

搭好的蒙古包呈圆锥形，有大有小，大的可以容纳上千人，小的可以容纳几十个人。蒙古汗国时代，可汗和诸王的帐幕甚至可以容纳2000多人。蒙古包一般搭建在水草丰美的地方，从外面看起来并不大，里面使用面积却很大，室内空气流通，采光条件很好，不怕风吹雨打，非常适合经常转场放牧的牧民居住和使用。

蒙古包的顶是拱形的，承受力很强，可以经受冬春的10级大风，也能经得住草原上的大雨，还能承受3000斤以上的压力。冬天的大雪也压不塌蒙古包，不会给人们造成灾难。

蒙古包具有抗地震的功能，一般的地震都不会对其造成任何毁坏。

福建的客家土楼

土楼是居住在福建、广东等地的客家人的住宅。

客家人的祖先是1900多年前从黄河中下游地区迁移到南方的汉族人。为了躲避战乱，防范盗匪，保护家族的安全，客家人创造了这种世界上规模最庞大的民居——土楼。通常，一座巨大的土楼可以居住整个家族的几十户人家，好几百口人。

在中国古老的传统民居中，福建和广东一带的客家土楼规模庞大，设计科学，居住安全。

《 土楼的特色 》

福建永定，土楼数量最多，样式也最多，至今保存着方形、圆形、八角形和椭圆形等多种形状的土楼上千座。

福建土楼是用当地的生土、砂石、木片建成的，不仅具有坚固性、安全性和封闭性，还有强烈的宗族特性呢！如果遇上兵火战乱、匪盗横行，只要把大门关上，持械防守，就可以保障住户的安全了。

土楼内有水井，有粮仓，即使被敌人包围，也可以在半年之内保证粮食、水源的供给。福建土楼还具有冬暖夏凉、防震抗风的特点，是客家人代代承袭、繁衍生息的最美住宅。

福建客家土楼

《 土楼的结构 》

土楼有多种形状，最具特色的是圆形土楼。圆楼由两三圈组成，外圈十几米高，有一二百个房间。

通常第一圈分四层，一层是厨房和餐厅，二层是仓库；三层和四层是卧室。第二圈两层，有30个－50个房间，用作客房。中间是祖堂，能容下几百人进行公共活动。

土楼里还建有水井、浴室、厕所等，就像一座小城市。客家土楼受到了世界各国建筑大师的高度称赞。

这些规模巨大、造型优美的土楼，既科学又实用，是一种奇妙的民居。

美丽的傣家竹楼

在中国古老的传统民居中，傣家的竹楼是较环保、漂亮、经济的住宅。傣家的竹楼全部都是用竹子建起来的，竹楼四周还环绕着美丽的竹篱笆，篱笆墙里种植着各种果树和花木。

西双版纳的傣族村寨大都环境幽静，十分美丽。无论村寨大小，住户多少，傣族的村寨总是傍依大河、小溪或湖沼鱼塘，寨内的竹楼掩映在绿树翠竹之中，远远看去就像一幅美丽的风景画。

《 竹子建竹楼 》

傣寨中的道路宽而平坦，凡有佛寺的村寨，寺旁都栽着菩提树。大多数傣家人的住宅都是独具特色的傣家竹楼。

傣家的竹楼，有的在平坝上傍水而居，有的在河谷中依山而建。竹

楼四周都围着竹篱笆或木篱笆，篱笆内种植着果树和花木。竹楼前一般都有一块空地，傣家人叫院坝。

传统的傣家竹楼由竹围墙、竹楼楞、竹椽子、竹柱子、竹楼板、竹楼梯、竹瓦屋顶组成，因为整座建筑用的都是竹子，所以人们称其为"竹楼"。

傣家竹楼属于"干栏式"建筑。因为当地的山竹苍翠如海，所以生活在竹海中的聪明的傣族人民就地取材，用竹子作建房材料，盖起了世界上比较环保、漂亮、经济的住宅。

《 美丽的风景 》

走进傣家村寨，展现在游人眼前的是高大的椰树，挺拔的槟榔，婆娑摇曳的竹林，绿叶的芭蕉和美丽高大的竹楼。寨子里大都流水潺潺，百鸟齐鸣，百花争艳，像一幅迷人的山水画，令人流连忘返。

现在，随着生产的发展和人民生活水平的不断提高，傣家人的建房材料已经发展成了木、砖、瓦等多种材料。虽然建筑材料变了，但是竹楼的建筑外形和建筑特色却完整地保留了下来。"竹楼"这个称呼一直沿袭下来，成为傣家人住宅的专用称呼。

云南傣家竹楼

神秘的川西碉楼

碉楼是一种特殊的中国民居建筑。川西北的碉楼是中国传统民居中较古老、较神秘、较高大的住宅。最早出现在2000多年前的秦汉时期，现存最古老的碉楼距今已经有好几百年了，是当地一道亮丽的风景线。

进入川西北的崇山峻岭之中，最引人瞩目的莫过于高耸在山谷中的那一座座碉楼了。

这些用石板和石块层层垒砌起来的碉楼形态各异，有四角、六角、八角……碉楼高达数十米，它们分布最密集的地方犹如一片石砌的森林直指蓝天，分外壮观。

《 重要的军事设施 》

川西北的碉楼与战争密切相关。近距离观察碉楼，墙壁厚实坚固，门设在离地4米—6米的地方。打仗时，碉楼门前放有独木梯，人们通过独木梯进入高高的碉楼，然后将独木梯抽入碉楼内，再关上门。

碉楼的门是用厚实的木料制成的，碉楼内部用木板隔成层，最高的有20多层，每层都有箭窗和枪眼。碉楼高层还设有大窗口，能抛掷巨石打击敌人。每一层都堆放着大量石块，只要敌人靠近，随时都会遭到沉重的打击。即使敌人攻入碉内，也会被上层掷下飞石打中，生还的可能性也很小，更不要说占领碉楼了。

关于川西古碉楼的记载，早在1900多年前的《后汉书·南蛮西南夷列传》中就已经出现了。书中说，生活在四川西部的土著民族"皆依山居止，累石为室，高者至十余丈，为邛笼"。这种"邛笼"就是今天我们所看到的碉楼的最初原型。

川西古碉楼

《 丹巴碉楼的美景 》

　　在川西，碉楼分布最密集的地方就是丹巴，这里展现着独特的文化特色和优美的自然景观。亚拉雪山犹如一颗晶莹、洁白的宝石镶嵌在峡谷的尽头，山下的海子像一颗颗美丽的珍珠撒落在树丛中。

　　发源于雪山的东谷河，把大山切开了一条路，向前汹涌奔流。游人只要到达东谷河两岸，就可以看见深山中的藏寨和矗立在群山之中的那一座座神秘的碉楼了。这些高大、挺拔的碉楼，似乎在向人们倾诉着昔日的辉煌。

　　清朝中期，乾隆皇帝发动征讨大小金川的战役时，这种遍布川西的碉楼成了清军难以攻克的坚固堡垒。为了攻打碉楼，清军在京师大营内也照葫芦画瓢地修筑了碉楼，用于军事演练。前些年，在北京香山的卧佛寺附近还可以见到当年清军演练时修建的规模较小的"川西碉楼"呢！

中原服饰变旗装
碧血丹心照汗青
启蒙思想开先河
中华武林传绝艺
挥毫泼墨文人画
千古奇书留墨香
清朝瓷器精绝
多彩民居显
古典园林映山
洋务运动开新

古典园林映山河

中华民族营建园林的历史非常悠久，最早可以追溯到商周时期。

现存最古老的园林是山西新绛的绛守居园，这座园林是隋朝开皇十六年（596 年）修建的，就坐落在今天新绛中学的校园里，距今已经有 1400 多年了。令人欣慰的是，这座隋代园林虽然历经沧桑，至今仍然可以看出当年建园时的格局和风采，真是历史的奇迹。

由于满族兴起于风景秀丽的白山黑水之间，对自然山水情有独钟，所以清代的园林营造在建筑规模和艺术成就上都远超历代王朝，达到了最辉煌的历史时期。

苏州拙政园

拙政园名列中国四大名园，距今已经有500多年的历史。1961年，拙政园被国务院列为全国第一批重点文物保护单位；1997年，被联合国教科文组织列入《世界遗产名录》。

拙政园占地52000平方米，是苏州古典园林中规模最大、最美丽的园林。全园以水为中心（水面约占全园1/3），亭榭精致、花木葱茏，有着浓郁的江南水乡特色。整座园林分为东部、中部和西部三部分，东部开阔疏朗，西部建筑精美，中部以水取胜，是全园的精华。

拙政园是江南最大、最美丽的古典园林，也是中国四大名园中最古老的园林。这座园林修建于1510年前后，距今已经有500多年的历史，在著名的苏州园林中名列第一。

《 以水见长 》

拙政园在明朝就以水见长，园中主要有水池、花圃、果园、竹丛等，建筑物十分稀疏，非常接近自然风景。据明朝人的记载，这座园林"广袤二百余亩，茂树曲池，胜甲吴下"。嘉靖十二年（1533年），江南才子文徵明曾经把园中景物画成31幅画卷，每幅都有题诗，并且留下了著名的《王氏拙政园记》。

明清两朝，由于园林多次更换主人，增添了较多的建筑，到康熙年间已经失去了明朝园林疏朗、雅致的特色。拙政园中现有的建筑大多数都是清咸丰九年成为太平天国忠王府花园时重新修建的。

拙政园东部称"归园"，约21000平方米，以平冈远山、竹坞曲水为主，并配有山、池、亭、榭，但建筑比较少，仍然保持着明朝的风格。

主要建筑有兰雪堂、芙蓉榭、缀云峰等。

拙政园中部以池水为中心，亭台楼榭都临水而建，最具江南水乡的特色。园中池水面积占到3/5。景区的主要建筑是远香堂，位于水池南岸，与东、西两座山岛隔池相望，池水清澈广阔，遍植荷花。山岛上林荫匝地，水岸边藤萝攀绕，溪谷之间还架有精致的小桥，更是别有风趣。

拙政园西部称"补园"，面积约8300平方米，主要建筑有三十六鸳鸯馆、十八曼陀罗花馆等。这些建筑带有清代工巧、华丽的特色，但这里的水、石、溪、涧仍然隐隐显现着明朝园林疏朗、雅致的艺术风格。

《 林木绝胜 》

拙政园数百年来始终以"林木绝胜"著称于世。早期的三十一景中，大多取自花木题材，如至梅亭、玉兰堂、竹香廊、紫藤坞、夺花涧等都是用花木取名的。

拙政园风景非常美丽，春天，山茶如火、玉兰如雪；夏天，荷花满池，清香四溢；秋天，木芙蓉迎霜盛开，灿若云霞；冬天，梅花迎春绽放，独傲冰雪。一年四季都可以观花赏景，确实称得上"江南第一名园"。

苏州留园

苏州留园修建的年代略晚于拙政园，以奇石众多、建筑精巧闻名江南。

留园于1961年被国务院列为第一批全国重点文物保护单位，1997年被联合国教科文组织列为世界文化遗产。

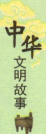

留园原是明嘉靖年间太仆寺卿徐泰时的东园。留园中亭台、楼阁、厅轩、走廊、粉墙、洞门等建筑与假山、水池、花木组合成了一个个大小不等、各具特色的庭园小品，充分体现了江南园林建筑的艺术风格。

苏州留园修建于1600年前后，虽然大约只有2万平方米，但是早在清代初年就以奇石众多、建筑精巧闻名于大江南北了。

〖 江南之最 〗

留园在明朝创建时，平淡疏朗，简洁而富有山林之趣。到了清代，虽然建筑物增加了，但仍然不失曲折幽静之趣，很大一部分还保留了明朝园林的风韵。游人在园中可以领略到山水、田园、山林、庭院四种不同的景色。

西部以山景为主，假山奇石堆砌自然，极有野趣。东部以曲院回廊

留园景色

和丰富多彩的清代建筑取胜。由于整座园林都是以池水为中心，因此以水景见长的中部是全园的精华所在。

水池北面的假山上小亭矗立、林木交映，风景最为秀丽；水池西面的假山上是宽敞的闻木樨香轩，有曲径长廊与各处相通；水池后矗立着冠云峰、瑞云峰、岫云峰三座石峰，更是园中的珍品。

留园中的建筑居苏州园林之冠，有佳晴喜雨快雪之厅、林泉耆硕之馆、涵碧山房、远翠阁、曲溪楼、冠云楼、清风池馆、五峰仙馆等几十处建筑，每处建筑都引人入胜。园中曲廊贯穿，通幽渡壑，长达670多米，仅次于北京颐和园的长廊。

《 留园三绝 》

留园三绝也称留园三宝，是指留园中的三件罕见的宝物：冠云峰、楠木殿和雨过天晴图。

留园冠云峰

留园内的冠云峰其实是一块很大、很美的太湖石，是北宋皇家花石纲中的遗物，它集"瘦、皱、漏、透"的太湖石四奇于一身，是中国园林中所有太湖石中的绝品。

楠木殿是对"五峰仙馆"的俗称，"五峰"源于李白的诗句"庐山东南五老峰，晴天削出金芙蓉"。楠木殿的建筑用材非常奢华，梁柱用的全部都是贵重的金丝楠木，因此得名楠木殿，是全国用料最考究的殿宇之一。

雨过天晴图是保存在楠木殿内的一幅大理石天然画。这是一片只有15毫米厚的天然大理石屏，最上面流云浮动，云中有一块白白的圆斑，好像一轮太阳或者美丽的明月；中间隐隐显现着群峰环抱、奇石叠翠的美丽景色；最下面流水潺潺，瀑布飞悬。整块石屏形成了一幅精美的、雨过天晴后的山水画。

北京颐和园

颐和园位于北京海淀区，占地290公顷，是北京规模最大、最完整的皇家园林。颐和园是利用燕山支脉"瓮山"和元大都水源地"瓮山泊"的自然条件，以杭州西湖为蓝本修建的一座大型皇家山水园林。

清乾隆皇帝继位以前，北京西北郊已经有四座大型皇家园林：圆明园、畅春园、香山上的静宜园和玉泉山上的静明园。处在这四座园林中间的瓮山泊虽然是京城的"水源地"，但是周边却一片空旷。

颐和园的前身叫清漪园，是北京西郊三山（香山、万寿山、玉泉山）五园（圆明园、畅春园、静宜园、静明园、清漪园）中最后建成的一座皇家园林，也是这五园中保存最完好的清代园林。

乾隆十五年(1750年)，皇帝为了孝敬母亲，用了448万两白银在这里修建了清漪园，把圆明园、畅春园、静宜园、静明园全部连成了一

颐和园全景

体，形成了今天从清华直到香山长达20千米的巨大园林区。

咸丰十年（1860年），清漪园和圆明园同时遭英法联军焚毁。光绪十四年（1888年），慈禧太后动用海军经费（约白银600万两）对清漪园进行了大规模的重建，并改名为颐和园。

清漪园的设计图是宫廷画师、建筑设计师、意大利传教士郎世宁亲手绘制的，是清代最珍贵的颐和园总体建筑规划布局图，对研究清代园林设计、建筑风格和地理环境具有重要的史料价值。

颐和园的建筑构思非常巧妙，不仅把精致的亭台楼阁、壮丽的长廊殿宇、美丽如虹的桥梁、秀丽的山峦和开阔的湖面和谐地融为一体，而且采用借景的手法，把数里之外玉泉山秀丽的山峰和美丽的宝塔都变成了它的深层远景。

颐和园通过借景的手法，形成了园外的山峰、宝塔与园内的湖光山色浑然一体的壮丽景色。

颐和园主要由万寿山（瓮山）和昆明湖（瓮山泊）组成，以美丽的山光水色为主，湖水面积占到了整座园林的3/4，极具江南水乡的特色。园

颐和园借景玉泉山

内建筑以佛香阁为中心，有大小院落20多处。精美典雅的亭台楼阁、殿廊榭舫散落在湖光山色之间，栽种在山上、湖边的1600多株名木古树，更为这座优雅的皇家园林增添了无限的风采。

园中的建筑以佛香阁、长廊、西堤、石舫和十七孔桥最为著名。

佛香阁是这座皇家园林建筑群的中心。佛香阁八角形、四重檐，高约40米，雄踞万寿山石砌的高台之上，金碧辉煌、宏伟壮丽，在十几里外就能看到其巨大的身影。

万寿山脚下的昆明湖畔就是逶迤曲折、建筑精巧的"长廊"，全长728米，是中国园林中最长的游廊，所以称为"长廊"。

碧波荡漾的昆明湖是三山五园中最宽阔的水面。东南部碧水荡漾，烟波浩渺，湖中有一座绿树葱茏的小岛——龙王庙，造型优美的十七孔桥如长虹般倒映在水面上，把湖心的小岛和东岸的知春亭连接成了一幅美丽的山水画卷。

这座石桥宽8米、长150米，由17个桥洞组成，石桥两边栏杆上仿照永定河上的卢沟桥，雕刻着大小不同、形态各异的石狮500多只。在距十七孔桥不远的湖畔，还蹲伏着一座惟妙惟肖的铜牛呢！

在昆明湖偏西的水面上，还有一道蜿蜒曲折的长堤——西堤。

西堤是仿照杭州西湖的苏堤修建的，这条长堤由六座造型各异、婀娜多姿的石桥和水中三座美丽的小岛——传说中的"海上仙山"涵虚堂、藻鉴堂和治镜阁组成。这条美丽的长堤犹如一条翠绿色的飘带，把昆明湖的南北两岸连接在了一起。

在西堤的北端有一条永远开不动的船——石舫，这座石舫上下两层，全部用汉白玉精雕细琢而成，美丽非凡。如果在这里划着小船向北、向东而去，就进入了碧水潆回、古木参天的后湖和后山。

1998年，颐和园以丰厚的文化积淀、优美的自然景观，被联合国教科文组织列入《世界遗产名录》。世界遗产委员会对颐和园的评价是：北京颐和园，始建于1750年，1860年在战火中严重损毁，1886年在原址上重新进行了修缮。其亭台、长廊、殿堂、庙宇和小桥等人工景观与自然山峦和开阔的湖面相互和谐、艺术地融为一体，堪称中国风景园林设计中的杰作。

承德避暑山庄

承德避暑山庄是清代皇家园林中规模最大的古典园林，也是迄今为止国内最大的人工园林。这座园林位于河北省承德市，因为园林中有一条热泉涌出形成的小河，所以也叫热河离宫或热河行宫。

承德避暑山庄是中国现存最大的古典皇家园林，面积相当于颐和园的两倍，能放下八个北海公园。

承德避暑山庄以朴素淡雅见长，又兼有江南塞北风光，在中国古典园林中堪称一绝。

避暑山庄的营建分为两个阶段。从康熙四十二年(1703年)至康熙五十二年(1713年)为第一阶段，主要是开拓湖区、堆砌洲岛、营建殿宇、栽培林木，使避暑山庄初具规模。康熙皇帝在园中亲自题写了著名的"三十六景"。

从乾隆六年(1741年)至乾隆十九年(1754年)，对避暑山庄进行了大规模扩建，增建了多处宫殿和园林建筑。乾隆皇帝模仿祖父康熙，也题了"三十六景"，两者合称避暑山庄"七十二景"。

【 中国地理的缩影 】

承德避暑山庄借助自然风景，按西北山峦、东南湖沼和东北草原的

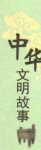

中华
文明
故事

布局，巧妙地构成了中国版图的缩影。

避暑山庄从西北的山峦到东南的湖沼、平原，相对落差达180米，形成了群峰环绕、沟壑纵横的自然景观，山谷中清泉涌流，密林幽深，确实美不胜收。

在总体设计上，一方面借助自然条件，因山就水，浑然天成；另一方面融合了南北园林艺术，典雅雄浑，集于一身。这座巨大的皇家园林，既是中国古典园林艺术的杰作，也是中国园林史上最辉煌的里程碑，因此赢得了"中国古典园林之最高范例"的美誉。

宫殿区

避暑山庄由宫殿区和苑景区两大部分组成，苑景区又分为山峦区、平原区和湖泊区三种完全不同的景观。

宫殿区坐落在山庄南部，东北连接平原区和湖泊区，西北连接山峦区，由正宫、松鹤斋、东宫和万壑松风四个大的建筑群所组成。山庄内外以多种传统工艺营造了120多组建筑，构成了中国皇家园林艺术荟萃的典范。

苑景区之山峦区

山峦区在山庄的西北部，占全园4/5，这里山峦起伏，沟壑纵横，自南而北由四条沟谷组成，依次为榛子峪、松林峪、梨树峪、松云峡，还有众多楼堂殿阁、寺庙点缀其间。

山庄在修建时，利用山峰、山崖、山麓、山涧等地形，营建了多处园林和寺庙，其中最引人注目的是遥遥相对的两个山峰上修建的小亭子，一个名为"南山积雪"，一个名为"四面云山"。站在亭中远眺，山庄内的全部景色和山庄外的雄伟寺庙，以及周围山上的奇峰怪石，都可以一览无余。

在另一座山峰上也有一座小亭，游人站在亭中，首先映入眼帘的

磐锤峰

就是庄园外面群山之中的磐锤峰。每当夕阳西照，磐锤峰就被红霞映得熠熠生辉，所以这座小亭得名"锤峰落照"。

苑景区之平原区

平原区在山庄北部的山脚下，地势开阔，绿草如茵，一派蒙古草原风光。东部林木茂盛，古木参天，确实具有大兴安岭莽莽森林的景象。

苑景区之湖泊区

避暑山庄的精华是湖泊区，湖泊面积（包括州岛）约43公顷，8个美丽的小岛将湖面分割成了不同的区域。康熙曾夸耀避暑山庄的湖水"天然风景胜西湖"。山庄的湖区面积虽然远没有颐和园的昆明湖那么大，但是由于湖面被长堤和小岛分割成多个小湖，层次分明，小岛错落，碧波荡漾，景色极美。

小岛之间有造型优美的桥梁相通，湖岸绿树成荫，再加上精致的亭台楼阁散落在湖区的周围，越发显得曲折优雅，秀丽多姿，不逊西湖之美。

湖区的许多风景都是仿照江南名胜修建的，湖中的"烟雨楼"仿照嘉兴南湖的烟雨楼而建，湖中的"金山岛"完全仿照江苏镇江著名的金山修成。

湖中还有两组建筑很有名："如意洲"和"月色江声"。如意洲是湖区最美丽的小岛，岛上的假山、凉亭、殿堂、庙宇、水池布局巧妙，秀雅异常。月色江声是一座精致的四合院和一组亭堂，每当月上东山，皎洁的月光映照着平静的湖水，山庄内万籁俱寂，只有湖水轻拍堤岸，发出悦耳的声音，"月色江声"这个名字就由此而来。

在中国四大园林中，承德避暑山庄朴素自然，意趣天成，有着独特的风格和意境。山庄中的殿宇、亭台，不仅吸收了中国南北建筑的艺术精华，而且与园中的天然景观和谐地融为一体，实现了中国南北建筑艺术最完美的结合，也达到了回归自然的高雅境界。

榆次常家庄园

常家庄园虽然没有名列中国四大园林，但却是全国规模最大、最具文化底蕴的私家园林。

常家庄园位于山西榆次西南的车辋村，距离榆次城区大约18千米。

有钱的晋商，宅院都十分讲究，晋中的乔家大院、曹家大院、王家大院、渠家大院都极负盛名。但这些宅院都只是典型的民居建筑，只能称为"大院"，唯有常家庄园才是一座规模宏大的私家园林。

> 常家庄园既不在美丽的江南水乡，也不是奢华的皇家园林，而是非常罕见的北方私家园林。这座园林中不仅有美丽的湖泊溪谷和精致的古典建筑，而且以丰厚的文化底蕴享誉海内外。

《 巨大的建筑规模 》

从康熙初年到光绪末年，历经200多年，常姓家族在车辋村建起了这座民间规模最大的私家园林。

常家庄园的风景非常优美，深宅大院鳞次栉比，雕梁画栋宏伟壮观，亭台楼阁相映成趣，溪水湖泊碧波荡漾。

庄园门前是约7.5米宽的拱形石桥，穿过约21米高的堡门，展现在游人面前的是一条长达650米的清代街道，长街的两边是鳞次栉比的深宅大院。

庄园占地60多万平方米，有房屋4000多间、楼房50多座、园林13处，确实称得起中国私家园林之最。

园中的主要景观是"一山、一阁、两轩、四园、五院、六水、八帖、九堂、十三亭、二十五廊、二十七宅院"，共有上百处供游人观赏的景点。常家庄园的建筑规模，远远超过了其他晋商的宅院，即使江南富商的私家园林也无法望其项背。

《 美丽的北方园林 》

常家庄园的院落之间都建有花园，园中有回廊亭榭、草石农舍、奇花异葩点缀其间，还有小桥流水曲折迂回，优雅的甬道通达各处，宛如

常家庄园美景

进入了美丽的江南园林。

常家庄园中静园最大，面积8万平方米。园中亭台楼阁雕饰精美，湖泊潭溪清波荡漾，树木山石野趣横生，曲径通幽，高雅秀美。

这里有年代久远的藤萝、景致幽深的杏林和风格迥异的建筑。听雨轩中池水微澜，小石潭中游鱼嬉戏……整座庄园确实胜过江南美景。

园中浓艳秀美的十亩杏林，清澈灵秀的大小湖溪，别具神韵的美丽山石，建筑精美的楼阁亭榭，无不令人流连忘返。这座园林既包含了江南钟灵毓秀之美，又凸显了北国雄浑厚重之风，整体布局超凡脱俗，让人心旷神怡。

【 精美的雕刻艺术 】

常家庄园中精美的雕刻艺术是北方私家园林之一绝，园中石雕、木雕、砖雕都非常精美。

常家庄园的护栏、门兽、护墙，大都采用石雕，砂石的粗犷和雕工的细腻，相映成趣，别具一格。

常家庄园的屏风、家具和隔扇大都采用木雕，木质多种多样，图案千变万化，造型精美异常，如同大型的木雕展览一般，让人眼花缭乱。

常家庄园砖雕

常家庄园的砖雕最为精美，园中房脊的兽吻、护脊全部是砖雕，造型优美，刀法细腻；园中的照壁、花墙也大多是砖雕，有鲜活生动的花卉鸟兽，有"百寿图"和"吉祥图"；园中的山墙、护栏也是砖雕图案，或花，或鸟，或兽，或字，造型各异，非常精美，是砖雕艺术中的绝品。

《 深厚的文化底蕴 》

榆次常家在三晋儒商文化中独树一帜，家族中出现过许多秀才、举人、进士及书画名家，常家庄园的文化底蕴也是其他晋商宅院所望尘莫及的。

常家庄园收藏了大量珍贵的名人法帖，如：宋代二亭双绝帖、杏林清代名人名联帖、石芸轩法帖、听雨楼法帖、可园唐诗笔意帖和御碑亭法帖等。

在"听雨楼法帖"中，收集了上起唐代、下至清初的50多位书法家的墨宝，其中许多人的作品早已失传，只有在常家庄园才能欣赏到他们的亲笔真迹。

庄园中的书法以"宋代二亭双绝帖"最珍贵，内容是欧阳修的《丰乐亭记》和《醉翁亭记》，由北宋大学士苏东坡亲手所书。苏轼的手书真迹在两宋时期就是珍品，在明朝已经极难寻觅，然而，在常家庄园却在庄园大门两侧的墙上镶刻着，在书法艺术界堪称奇绝啊！

古典园林映山河

多彩民居显神韵

清朝瓷器千古青

挥毫泼墨文人画

中华武林传绝艺

启蒙思想开先河

碧血丹心照汗青

中原服饰变旗装

洋务运动开新篇

　　清朝的"康乾盛世"结束不久，殖民主义者的魔爪就伸向了闭关自守、故步自封的清朝。随着两次鸦片战争的失利，清朝的有识之士也把目光转向了科学技术发达的西方。

　　以晚清"中兴四大名臣"为首的洋务派，为富国强兵做了大量的工作。他们引进西方先进的科学技术，创办工厂、矿山，修建铁路、公路，并开始创办学习西方课程的新式学堂，训练使用先进武器的新式陆军……

　　许多人认为洋务运动彻底失败了，其实，并非如此。回顾历史，正是张之洞训练的湖北新军中的下级军官发动了武昌起义，结束了清政府的腐朽统治。

林则徐和曾国藩都是晚清时期的朝中重臣，都主张学习西方先进的科学技术，都是"洋务运动"的重要开创者。魏源是晚清时期最早向中国人介绍西方文化的学者，被称为"西学东渐第一人"。

林则徐画像

最先把目光转向西方，主张学习西方先进的科学技术，让国家强大起来的是民族英雄林则徐，以及朝中重臣曾国藩、著名学者魏源等。

《 林则徐面向世界 》

林则徐（1785年—1850年），福建侯官（今福州）人，清末政治家。先后担任过湖广、陕甘、云贵三省总督，两次出任钦差大臣。

林则徐不仅是抵制鸦片输入、抵抗外来侵略的民族英雄，还第一个提出学习西方先进的科学技术，以便抵抗西方列强的侵略。

在广东禁烟期间，林则徐专门派人从外国秘密购置了200多门新式大炮，配置在海口炮台上。为了改进军事技术，林则徐还搜集并整理了大炮瞄准法、战船图书等西方军事资料，并明确提出要学习西方先进的造船和制炮技术。

林则徐不仅组织人翻译了英国人慕瑞的《世界地理大全》，编成《四洲志》，还组织学者翻译了瑞士法学家瓦特尔的《国际法》。因此，他被认为是中国近代"睁眼看世界的第一人"。

《 "西学东渐"的先行者 》

在林则徐之后，极力倡导学习西方先进科学技术的是清末启蒙思想家、政治家魏源。

魏源（1794年—1857年），湖南邵阳人，自幼熟读经史，博览群书。他当过两江总督裕谦的幕僚，直接参与过抗英战争。由于清廷投降派昏庸误国才愤而辞归，并开始著书立说，成为"西学东渐"的先行者。

受林则徐嘱托，魏源根据《四洲志》和中外文献资料编成《海国图志》，向中国人详细介绍了整个世界。这部书记述了世界多个国家的历史、地理、政治、经济等状况，还提出了著名的"师夷之长技以制夷"的观点，主张学习西方先进的科学技术，制造战舰和火器，以先进的科学技术改造和武装中国军队。

魏源还提倡创办民用工业，允许私人办工厂，允许私人自行制造和销售轮船、火器等。

尽管魏源"强国富民"的思想没能唤醒愚昧的清政府，却从思想上影响了清朝的精英人物，为洋务运动奠定了重要基础。

《 洋务先驱曾国藩 》

曾国藩（1811年—1872年），字伯涵，号涤生，湖南湘乡人，湘军的创立者和统帅，是著名的战略家、政治家、书法家和文学家，位列晚清"中兴四大名臣"之首，官至两江总督、武英殿大学士。

曾国藩是晚清洋务运动的倡导者和先驱。他对"康乾盛世"之后清王朝的衰落洞若观火。由于亲历两次鸦片战争，他虽痛恨西方列强侵略中国，却力主学习西方先进的科学技术。

曾国藩画像

1861年，曾国藩创办了清朝第一家近代军工企业——安庆军械所。

在曾国藩的支持下，洋务派建造了清朝第一艘轮船，开启了中国近代造船工业的先河；建立了第一所兵工学堂，开始了中国近代高等教育；第一次翻译和印刷了西方书籍，极大地开阔了中国人的视野，奠定了近代中国的科技基础。

在曾国藩的支持下，中国派出了第一批赴美留学生，为国家培养了大批栋梁之材。清末外交大臣梁敦彦、首任民国总理唐绍仪、清华大学第一任校长唐国安、中国"铁路之父"詹天佑等都是其中的佼佼者。

曾国藩在中国历史上的作用是无人能取代的。后人评价说，曾国藩是中国古代史上的最后一人，同时也是中国近代史上的第一人。

李鸿章创建北洋水师

李鸿章（1823年—1901年），安徽合肥人，世人多称他为"李中堂"或"李合肥"。李鸿章官至直隶总督兼北洋大臣，授文华殿大学士，是洋务运动最重要的代表人物之一。

道光二十七年（1847年），24岁的李鸿章考中进士，同年，入翰林院

中华文明故事

任庶吉士，并拜在曾国藩门下，后名列晚清"中兴四大名臣"。李鸿章确实十分能干，连他的对手——日本首相伊藤博文都称他为"清朝唯一有能耐可以和世界列强一争长短之人"。

《 提倡学习科学技术 》

李鸿章很早就认识到，只有学习西方先进的科学技术才能振兴中华。历史档案中的一份奏折，充分表明了他对西方科学技术的向往。

在奏折中，李鸿章详细描绘了蒸汽机的工作原理："镟木、打眼、绞镙旋、铸弹诸机器，皆绾于汽炉，中盛水而下炽炭，水沸气满，开窍由铜喉达入气筒，筒中络一铁柱，随气升降俯仰，拨动铁轮，轮绾皮带，系绕轴心，彼此连缀，轮转则带旋，带旋则机动，仅资人力以发纵，不靠人力之运动。"

这篇文章一点儿也不像一个顶戴花翎、脑后拖着辫子的清政府重臣的奏折，倒像一篇科学家写的"科普文章"。

在距今100多年前，整个中国几乎

李鸿章，洋务运动的代表人物。名列晚清"中兴四大名臣"。他主张学习西方先进的科学技术，发展中国的民族工业。他开办了最早的近代军工企业，建立了当时亚洲最强大的海军——北洋水师。

李鸿章画像

没几个人知道蒸汽机的时候，李鸿章能够写出这样的文章，确实并非易事。

李鸿章还第一个提出了为发展科学技术"专设一科取士"的设想，他强调指出："中国欲自强，则莫如学习外国利器……欲觅制器之器与制器之人，则或专设一科取士。"这在当时是多么难能可贵的思想啊！

【 发展民族工业 】

在晚清最早的四大军工企业中，李鸿章就创办了三个。

1863年，李鸿章引进西方机器设备，创办了中国第二个近代军工企业——上海洋枪三局。同治四年，李鸿章在曾国藩的支持下，收购了美国人在上海的虹口铁厂，建立了著名的江南制造局。

在李鸿章的主持和参与下，洋务派兴建了近代中国第一条铁路、第一座钢铁厂和第一座机器制造厂。李鸿章创办了河北磁州煤铁矿、江西兴国煤矿、湖北广济煤矿、山东峄县煤矿、开平矿务局、三山铅银矿、漠河金矿和热河四道沟铜矿等多家矿山企业，还创办了天津电报总局、上海电报总局、上海机器织布局和上海华盛纺织总厂等一系列民用企业。他创立的轮船招商局，甚至挤垮了英美合办的轮船公司——旗昌公司。

李鸿章创办的企业，极大地促进了中国民族资本主义的发展，是中国近代化开始的重要标志。

【 建立北洋水师 】

李鸿章筹建了中国第一支近代化的海军舰队。法国侵占越南、日本吞并琉球，让李鸿章深刻意识到：列强的威胁来自海上。

从19世纪70年代起，李鸿章就积极倡议组建强大的海军。同治十三年（1874年），李鸿章在奏折中系统提出了"定购铁甲舰，组建北、东、南三洋舰队"的设想。

光绪十一年（1885年），清廷成立海军衙门，由醇亲王总理海军事务，李鸿章任会办。利用这个有利时机，李鸿章组建了北洋水师。

李鸿章的北洋水师，拥有4000多名官兵、25艘舰艇，是当时亚洲最强大的海上军事力量。与此同时，他还加紧建设了旅顺、大沽、威海等海军基地，以加强海防。由于清政府的腐败没落，在财政入不敷出的情况下，慈禧太后竟然动用海军军费修建颐和园，最终导致北洋水师陷入了十分困难的境地。

【 北洋水师覆灭 】

光绪二十年（1894年）7月25日，日本军舰在丰岛发动突然袭击，击沉中国运兵船"高升"号，8月1日，中日两国同时宣战，甲午战争爆发。

9月17日，北洋水师与日本海军舰队在黄海大东沟发生激战，北洋水师的弹药严重不足。然而，在这场长达5个小时的海战中，他们仍然保持了清朝海军的军威。虽然北洋水师有4艘军舰沉没，但是日本舰队也同样遭受了重创，并率先退出了战斗。

此后，清朝军队在鸭绿江、九连城等地与日军激战，终因朝廷腐败、武器落后，未能抵挡住日军的攻势。最终，旅顺、威海等海军基地失守，导致北洋水师全军覆灭。

左宗棠收复伊犁

左宗棠（1812年—1885年），字季高，湖南湘阴人。清末洋务派和湘左宗棠，洋务运动的重要人物之一，名列晚清"中兴四大名臣"。他筹建了清朝第一家近代造船厂——福州船政局，并成立了兰州制造局。

左宗棠画像

军首领，官至东阁大学士。

左宗棠自幼聪颖好学，熟读经史，对涉及历史、地理、军事、经济、水利等内容的古典名著视为至宝。但因为不善于作八股文，三次科举赴试都名落孙山。

《 声名鹊起 》

左宗棠因科场失意，仅在清朝官员骆秉章手下当了一名幕僚。但是，他的志向和才干得到了当朝重臣的赏识。

林则徐对左宗棠十分器重，称赞左宗棠是"绝世奇才"，并认定"西定新疆，舍左君莫属"。他不仅将自己在新疆收集的资料全部交给了左宗棠，临终前还命次子代写遗书，向朝廷推荐左宗棠。

清咸丰六年（1856年），左宗棠因协助曾国藩攻取太平军占据的重镇武昌，立下大功，成为湘军的重要将领，并开始步入高官的行列。

清同治五年（1866年），左宗棠上书奏请"设局监造轮船"，获得朝廷批准。于是他派人出国购买机器、船槽，开始在福州马尾创办船厂，并创办了

中华文明故事

"求是"堂艺局(即船政学堂),培养海军技术人才。

他出任陕甘总督后,推荐名臣沈葆桢接任了总理船政大臣。不久,福州船政局正式开工造船,成为清朝第一座近代新式造船厂。

1872年4月23日,亚洲第一艘巡洋舰——扬武号成功问世。

〖 运筹帷幄 〗

早在同治三年(1864年),浩罕汗国(中亚地区国家)将领阿古柏率军入侵新疆,占据整个南疆。

同治十一年(1872年),当清廷还在举棋不定的时候,身为陕甘总督的左宗棠就已经下定决心:率师进驻兰州,准备收复新疆。

为了对付叛军的洋枪洋炮,左宗棠在西北建立了兰州制造局,并且从广州、浙江调来专家和熟练工人,为西征军制造枪炮。他们仿造的德国螺丝炮和后膛七响枪非常先进,为左宗棠收复新疆提供了重要装备,有力地推动了中国近代军工生产的发展。

1875年,光绪皇帝和慈禧太后下诏授左宗棠为钦差大臣,全权节制三军,收复新疆。

左宗棠制订出收复新疆的重要战略:

第一步,剿灭阿古柏侵略军,攻占军事重镇乌鲁木齐;第二步,安抚新疆各族人民,恢复生产、大兴屯田,保证长期作战的后勤供应;第三步,乌鲁木齐形势得到巩固之后,向入侵者扬我军威,以实力讨还伊犁。

〖 平定叛乱 〗

1875年4月,左宗棠组建西征大军。同年9月,西征大军攻占乌鲁木齐,阿古柏的手下白彦虎逃到托克逊。

第二年3月，清军先后收复达坂城和托克逊城。阿古柏逃往喀喇沙尔（今新疆焉耆回族自治县），留下小儿子驻守库尔勒。不久，左宗棠又派兵收复吐鲁番。阿古柏见大势已去，服毒自杀，其长子胡里率残部逃往喀什。

此时，俄土战争爆发，有人建议乘虚袭取被沙俄霸占的伊犁。左宗棠认为这样有些师出无名，决定留下不打。左宗棠挥师西进，先收复了南疆的东四城：焉耆、库车、阿克苏、乌什；接着，又收复了西四城：喀什、英吉沙、叶尔羌、和田。阿古柏的长子胡里与手下白彦虎逃往俄国。

至此，这场入侵完全被平息。

〖 新式武器发挥作用 〗

左宗棠收复南疆之后，又上书朝廷，提出在新疆设省的主张，并建议朝廷派人与俄国会谈，让其归还伊犁，并引渡胡里、白彦虎等人。

沙皇俄国早在1871年就乘阿古柏入侵之机侵占了伊犁，并宣布"伊犁永远归俄国管辖"。后来，因沙俄军队在俄土战争中大败，只得在给清政府的照会中声称，"占领伊犁是代为收复……俟关内外肃清，乌鲁木齐、玛纳斯各城克服之后，当即交还"。因此，收复南疆后，左宗棠要求俄方履行诺言。

但沙俄表示，中方必须在通商、割地、赔款及边界调整方面进行让步后，才能交还伊犁。并声称，如不满足条件，"就宣布撕毁条约，不再交还伊犁"。左宗棠早在军事上利用新式武器做好了充足准备，胸有成竹地向朝廷奏明："如沙皇一意孤行，应诉诸武力。臣虽不才，愿当此任。"

清政府派曾国藩之子曾纪泽出使俄国，为保证谈判顺利，左宗棠率大军分三路向伊犁方向挺进，为曾纪泽作后盾。大军出发时，左宗棠让部下将自己的棺材抬到哈密，决心与沙俄血战到底，誓死收复伊犁。光绪七年(1881年)2月24日，被沙俄占领了10年的伊犁终于回到了祖国的怀抱。在此过程中，新式武器发挥了至关重要的作用。

张之洞训练新军

张之洞(1837年—1909年)，字孝达，号香涛，直隶南皮（今属河北）人，15岁赴顺天府乡试得第一，26岁中进士得第三——"探花郎"。

张之洞先后担任过山西巡抚、两广总督、军机大臣等要职，名列晚清"中兴四大名臣"，也是洋务运动的重要人物之一。

张之洞主张"中学为体，西学为用"。他曾会同刘坤一连上三道奏折——即著名的《江楚三折》，提出在不改变君主专制制度的前提下，进行有利于国家的各项改革，如废科举、兴学堂、奖励留学、兴办实业等。

光绪十五年(1889年)，张之洞上奏清廷，建议修筑芦汉铁路，以贯通祖国南北。

他在奏折中说，修筑铁路"货厚民生为最大，征兵、转饷次之"，并提出芦汉铁路是"干路之枢纽"，是"中国大利之萃也"。于是，清政府立即派张之洞筹办修筑这条铁路的事情。

张之洞，洋务运动重要人物之一，最先提出了修建芦汉铁路的建议；主持建立了当时亚洲最大的钢铁企业——汉阳铁厂；组建了新式陆军——湖北新军接受了西方的新思想。

张之洞画像

创办钢铁厂和织布局

张之洞一到湖北就开始大力筹建军工企业和民办工业。他创建的汉阳铁厂是当时整个亚洲最大的钢铁企业，有炼铁厂、炼钢厂、铸造厂等大小10个工厂，炼钢炉2座，4000多名工人。

光绪十八年（1892年），张之洞还在武昌创办了湖北织布局。这家纺织企业全部采用从西方进口的纺纱设备和技术，有纱锭3万枚，布机1000张，雇用了2000多名工人。

创办新学校

张之洞十分重视教育，创办了多所新式书院和学堂。在湖北，他创办了农务学堂、工艺学堂、武备学堂、自强学堂和商务学堂等多所新式学校。

在南京，他创办了三江师范学堂、铁路学堂、陆军学堂和水师学堂等新式学校，培养了大批科学技术人才和军事人才。

湖北自强学堂就是今武汉大学的前身，湖北农务学堂就是今华中农业大学的前身，湖北工艺学堂就是今武汉科技大学的前身，南京三江师范学堂就是现在南京大学的前身。

光绪三十一年（1905年），张之洞再次奏请停止科举，兴办学校。清廷诏准，自第二年开始，所有的乡试、会试及各省岁考一律停止，结束了在中国实行了1000多年的科举制度。废科举、兴学校是中国教育史上的一件大事，非常有利于西方先进文化在中国的传播。

《 组建新陆军 》

张之洞最重要的贡献就是编练新式陆军——湖北新军。刚组建的湖北新军，军官全部由德国人担任，全部采用西法操练。

从1895年到1906年，张之洞在湖北先后开办了武备学堂、武备高等学堂和陆军测绘学堂等多所军事学校，培养了近5000多名军事人才，并安置在新军的各级指挥岗位上。

湖北新军官兵——武昌起义

1906年秋天，袁世凯的北洋新军和张之洞的湖北新军在河南共同进行过一次军事演习，人们的普遍评价是：北洋新军"以勇气胜"，湖北新军"以学问胜"。

　　张之洞有一件事情没有想到：军官们既然学习了西方的先进科学技术，就不可能不接触西方的民主思想。后来，正是因为湖北新军"以学问胜"，接受了西方的新思想，加速了清朝的灭亡。

　　1911年10月10日，接受了新思想的湖北新军爱国官兵们，发动了著名的武昌起义，推翻了统治中国将近300年的清朝政权，建立了中华民国。中国资产阶级革命的先驱——孙中山先生出任了中华民国临时大总统。